日本社会の〈死〉と〈再生〉

「個人化」の果ての「コミュニティ」志向

小林修一 著

梓出版社

はじめに

二〇一八年の現在、日本社会はどのような形をなしているのであろうか。本書が明らかにしようとしたのは、その点である。二〇一八年になってから、メディアを騒がせている事件は、二、三月に立て続けに報じられている児童虐待であり、ネットで自宅アパートに呼び寄せた若者九名を殺害したうえに解体するといったおぞましい連続殺人である。三月には東京都内で高齢二人住まいの人びとが共倒れで死亡するという出来事が六件も続いた。いずれも、「日本的」社会が健在に機能していたなら、ありえなかったか、未然に防ぐことができた事件であろう。家族はいびつな形で自閉してしまい、あるいは逆に家族のそれぞれの家庭外での行動が不可視化してしまっている。家族の内外の通路が今までのように風通しの良いものではなくなっている。バラバラの個人が（家族を含む）他者との通常の関係をとることなく、尋常ではない関係への感度を失ってもいる。これまた、「日本的」関係の衰退と変形としか言いようのない事態である。「日本的」関係とは、その関係への固有の「配慮」性にある。「お互い様」的な共感を下に、相手に対する適度な「思いやり」を相互にやりとりすることと、そのことに対する感謝の念が相互信頼を深めるといった関係のあり方である。なぜそうなのかは本文で明らかにする。

だが、日本社会の生と死、そして再生を問うためには、日本社会全体を視野に収めるしかない。一つの社会の全体像を明らかにするというのは、とてつもなく大変なことである。到底、一介の老社会学者の手に負えるわけもない。そこで、本書では、そうした社会の再生産にとって必要不可欠な最低限の社会的諸領域のみを選んで、そこにおける社会関係に注目することにした。それは、地域、産業、家族、教育の四つの領域である。そこでは、社会の物的再生産や、人的生産、再生産が行われてきた。だから、その四つの社会的諸領域における機能と、それら相互の連関を通して、その時代の日本社会の形をイメージすることが可能となる。そして、これに加えて、かつては地域＝ムラの社会統合を実現する上で重要な役割を果たしてきたマツリの変遷を重ね合わせてみた。マツリの変化は、まさにその時代の地域社会の統合のあり方を反映するものだからである。

本書で明らかにしてゆくが、一九五〇年、戦後まもなくの日本は、ほぼ農業社会なのであった。それまでの農業社会としての日本の歴史は、とてつもなく長い。それに比べて、一九五〇年から二〇一八年の今日までは六八年である。ほぼ人の一生くらいの時間である。戦後まもなくの時期に日本社会がそれまでの農業社会のあり方を突然変更することなど考えがたい。農業社会の残滓は社会が産業化しつつも奥深く残り続けたと考える方が自然である。日本社会は継続していたと考えるべきである。その「日本的」なあり方は戦前までの日本社会に満ちていた。その上で、戦後の高度成長期までは、日本社会は形を変えつつ生命力に満ちた時代を送ってきた。八〇年代のポスト成長期には、その生命力はいびつに使い果たされ、バブル崩壊後に日本社会そのものが廃棄されてしまった。現在、我々が目の前にする日本社会の形とは、その残骸でしかない。これが本書の一つの結論である。

その結論だけでは、身もふたもないと言われかねないので、再生の兆しもまたかすかに見え始めている、という展望と今後の日本社会の可能性についても展開を試みた。そこでは、日本社会を死へと追いつめた欲望の個人化と関係の個人化といった二つの契機の弁証法的転回の結果として、物欲の市場からの撤退と、選ばれた縁に基づく自発的な定住の兆しが、新たな互酬による共同体再生の可能性を生み出しつつあることを見る。この日本社会の「死と再生」の議論が当を得たものか否かは、読者の判断と今後の日本社会の推移次第である。

目次

日本社会の〈死〉と〈再生〉

――「個人化」の果ての「コミュニティ」志向――

第一章

日本社会のかたち

戦後まもなくの農作業の様子

写真提供：共同通信社

第一節　ムラと生活

戦後の高度成長期に、日本社会がどのように変容していったかを知るためには、それ以前の日本社会のあり方を知らなくてはなるまい。だが、現代日本社会論を説く論者は、ＧＨＱによる改革から始め、それがいかに画期的なものであったかを称賛し、戦前までの日本社会のあり方は、「封建的イデオロギー」の所産という一言で片づけられてきた時代もあった。例えば、戦前まで人々の生活の枠組みを深く規定してきた「イエ」制度について語るのは歴史家の仕事であって、社会学者はむしろ戦後の近代化によって、人々がいかに民主的な「近代家族」＝核家族へと移行しえたかを説き起こすといった、「現在」につながる現象を問題にすべきと考えられてきた。

だが、時代が変わった。「近代家族」＝核家族に陰りが見え始めてきた。かつて高度成長を支えてきた「近代家族」はそのけん引役を引き受けた「企業社会」に組み込まれ、その役割が終わったとされる今では「過労死」や「単身赴任」といった形で、自らを犠牲にする形での企業の延命策に利用されていることが明白になってきている。そうした今日において、日本の「家族」の変容という問題に対して、いかなるアプローチが要請されるか、そのことが今や問われなければならない時代になってきている。そのことは、さらにポスト戦後社会と呼ばれるような、戦後の高度成長の終焉後に、いかなる社会をめざして生き延びればよいのか、といった問いを含んでもいる。

表 1-1　農業人口比率：1880 ～ 1940 年

	総人口（1）	農家人口（2）	(2) ／ (1) ＝ (3)
1880（明治 13）年	36,489,791	29,762,748	81.56%
1885（明治 18）年	38,176,457	29,659,002	77.81%
1890（明治 23）年	39,868,868	29,511,767	74.02%
1895（明治 28）年	41,650,245	29,553,233	70.96%
1900（明治 33）年	44,056,240	29,833,148	67.72%
1905（明治 38）年	46,746,950	29,753,369	63.65%
1910（明治 43）年	49,488,599	29,945,064	61.76%
1915（大正 4）年	53,109,781	30,082,996	56.64%
1920（大正 9）年	55,884,992	30,249,496	54.13%
1920（大正 9）年	55,963,100	30,249,496	54.05%
1925（大正 14）年	59,736,800	30,702,875	51.40%
1930（昭和 5）年	64,450,000	32,094,588	49.80%
1935（昭和 10）年	69,254,100	32,186,583	46.48%
1940（昭和 15）年	71,933,000	31,846,175	44.27%

橘木（2015）：p.15 より

戦前の日本社会を射程から遠ざけ、戦後の成長社会のみを対象としてきた日本社会論では、この問いかけに答えるための枠組みを準備することはできない。いまこそ、日本社会の原像を射程に収めるべき時代なのである。

戦前までは農業社会＝ムラ

日本は明治維新から近代社会に突入したとされているが、一般庶民の生活の中に近代化の波が押し寄せてくるのは、ほぼ戦後を待たなければならなかったといえる。それは、戦前までの日本社会は圧倒的に農業社会であったということによっている。いうまでもなく、農業の機械化など、当時にはなかった。農家人口でみると、一八八〇（明治一三）年では総人口中の八一・五パーセントを占め、一八九五（明治二八）年で七〇・九パーセント、終戦間近の一九四〇（昭和一五）年でも四四・三パーセントであるから、戦前までの日本社会は農業社会であり、庶民の圧倒的部分は農民であった（表一－一参照）。だが、産業別のＮＤＰ（国内純生産）の額の推移からみても、一人あたりの生産額では農業は他産業と比べて最も低かったし、一部の豪農層を別として、農民のほぼ半数は小作人として経営的に独立してもいない、貧困状態に置かれていたのである。戦前までの日本社会を担う圧倒的多数のこうした貧農こそが、ここでの主役となる。

経営体としてのムラ

個々の農家は経営体としてはほとんど自立することなく、他の農家との共存によって、それぞれの生活を成り立たせることができたにすぎない。そこで、こうした個々のイエを単位とする連合体としてのムラこそが、自律的な経営体として浮上する。数世代に渡って定住し続けてきたムラは共通の祖先の下に、家族ないし同族として同一の系譜上の血縁関係として観念されてきた。むろん、そのすべてが純粋な意味での血縁者というわけではなく、婚姻や奉公を通じてイエの構成員となることによって、日本的な「超血縁集団」としてのイエの一員と観念されてきたのである。そこには、「名子」「下人」などの非血縁者も含まれる。

そうした生活の場を同じくする者としての意識の下で、必要な労働力を調達したり、その配分を調整し、水と山林の利用と管理といった農業経営にとって不可欠な多岐にわたる諸機能をムラ全体として管理していかなければならない。こうして、近代以前から、近代初期における日本社会の実体は生業としての農業を中心とした経営組織である「ムラ」であったことになる。近代化の進展とともに、その「ムラ」社会のあり方が多様に変容、発展、衰退を遂げながら、日本の近代化を担ってきたと考えることができる。

その際、ムラの変容の原動力をなしたのは、市場経済の浸透にほかならない。綿、養蚕、生糸、絹織、紅花といった「小商品生産」が在郷商人の活動を通じてムラに浸潤してくるにつれ、それまでの水利、山林利用、労働力の調達に関わる村人たちの利害は統一性を失い、ムラの諸機能は分化、拡散し、それまでとは異なったイエ連合に基づいた機能的組織をあらたに生み出さざるをえなくなる。同時に個々のイエは独立した経営体として自立度を高めてくる。すでに近世以来、市場経済の浸潤にともなうこうした変化は進行してきていた。

しかしながら、この自立した「小農」の家族労働力といっても、直系家族ながら、せいぜい四～五人にすぎず、それだけでも、年間を通しての様々な作業のすべてを担うことは不可能である。苗を植え、収穫する作業はどのイエでもほぼ同時期に重なっている。そのための水の共同利用など、多量の労働力を集約的に活用しなければならない。それゆえ、イエの自立性が高まったからといって、ムラの共同とそれに基づく労働力の調達はなお必要不可欠であった。

労働が交換された

それでは、ムラの共同において、必要な労働力はどのようにして調達され、配分されてきたのであろうか。現代の経済のあり方からすると、イメージするのが難しい現象であるが、「日本的」なるものの本質に迫る現象であるから、忍耐強くおつきあい願いたい。

人類学では、世界の未開社会の集落におけるモノの非市場的交換について、①贈与、②互酬、③再分配といった類型を提示してきた。これに④市場交換をくわえて、これらがいわゆる経済的交換（それに該当するのは④のみである）の範域を超えたものであることから、このすべてを「社会的交換」と名付けている。①の贈与とは、一方から他方への財もしくは労働力の提供である。基本的に「お返し」はない。誕生日のお祝いに親しい友にプレゼントをする。その場でお返しをしようものなら、プレゼントへの拒否と受け取られかねない。②の互酬とは、一方から他方への財もしくは労働力の提供に対して、他方の側が「お返し」を提供することであり、等価的なやり取りのことも、そうではないこともある。相手よりはるかに多くの提供をすること、あるいは相手がもう「お返し」ができない状況に追いやることは、明らかにそこに権力的な優位への指向が認められる。また③の再分配とは、財もしくは労働力をある中心へと集積したうえで、一定のルールに従って、それを逆方向へと分配することである。税金の徴収と、それによって地域の社会資本整備が行われるような場合であるが、いかんせん、そこに作用しているルールが極めて不分明な場合が多い。④の市場交換とは、いわゆる貨幣を媒介とした売買行為にほかならない。①から③までの交換は顔見知りの間で行われる「共同体内的」な交換であり、その交換を通じて、お互いの親密性を強化、確認するために行われる。あくまで「損得」関係が直接めざされることはない。これに対して、④の市場交換は貨幣を媒介とすることによって見知らぬ誰とでも交換が可能となることがめざされ、したがって、双方の人間関係は後景に退けられ、双方の経済的「損得」関係が目的とされる。

日本のムラでも同様の財もしくは労働力のやり取りがなされてきた。そのことを通じて、上記に示したムラの諸機能が充足されてきたのである。②「互酬」に該当するのは、「ユイ」と呼ばれる労働の交換である。これは、近親者のあいだで行われるほぼ等量の労働力の交換であり、等量であるということから双方はほぼ対等な関係にあると考えられる。その典型が各家の「屋根ふき」「屋根替え」である。茅では、三〇年から四〇年周期で、農閑期の四月か秋の稲刈り後の一〇～一一月に屋根替えが行われた。その際、作業は一日で済まさなくてはならないため、一時的に多量の労働力が必要となる。そこで、各家から労働力を持ち寄り、ことにあたることになる。ムラが四〇戸からなる場合なら、毎年順番に屋根替えをし、四〇年で一巡すると、労働力の提供側と受領側とは受けた等量の労働力を返済することになる。「ユイ」が互酬の原理に則っていることは明らかである。

また、その際、材料となる茅を共有地から各人の手で調達し、それを屋根替えする家の下に集約する作業が必要となるが、それは一か所に集約した財を分配する③「再分配」に相当する。ムラではその方式は「モヤイ」と呼ばれる。近世の賦役としての道路や河川の普請のようなムラの全員参加型のものから、田植え前の井戸さらいのような水路利用者だけの当事者参加型のものなどが含まれる。また台風被害からの復旧作業や畑を荒らすネズミの駆除のためのモヤイなどもある。いずれも、ヒト、モノ、カネなどを一か所に集約し、その成果を再分配するものである。なかでも、一定の目的のためにカネを集積するモヤイは「頼母子」「無尽」「講」と称され、「屋根葺頼母子」「機織頼母子」や、萱場のない地域では茅購入のための「茅講」などが組織される。これらは、「無尽」が「尽きることのない」「無限」という意味から派生した点から推察できるように、本来は仏教に由来するものであり、鎌倉時代から存在していたとされる（テツオ・ナジタ 2015: p.99）。そして、明治から大正にかけては「貯蓄型金銭モヤイ」が金融機関的な役割を果たしてきた。

さらにユイのような対称的な互酬関係でも、モヤイのような再分配でもなく、一方向的で非対称的な①「贈与」に相当する支援行為は「テツダイ」と呼ばれる。このテツダイに対して相手方から労力やモノによる返礼を受けることもあるが、多くは感謝や恩顧の念を受けるだけである。テツダイは返礼を期待せず、病気や災難に遭った者に対する救済として、村人や隣人の自発的共感に基づく行為の贈与である。特に葬儀のような不幸に際しては、儀式の段取りすべてが近隣のテツダイによって執り行われる場合もある。また、このような対等な近隣関係ではなく、親方―子方といった上下関係における、親方の日常的な恩に報いるべく、子方の「奉公」という形のテツダイもある（恩田 2006）。

このように、一時的に多量の労力を必要とする農耕を生業としてきた戦前までの日本では、労力を交換、集約、再分配し、贈与するといった多様な「非市場的交換」が広く活用されてきた。戦後の日本社会をそれまでの社会と区別するのが「成長経済」の存在にほかならない。だが、そうした経済のあり方は、その直前の戦前までの日本社会を規定してきた「定常経済」の長い歴史からの離陸として初めてあり得た変異にほかならない。この点を日本社会論の射程に収めるか否かは、再び「定常経済」の時代へと向かいつつある現代日本社会の今後について語る上での前提条件に関わることになる。

第二節　戦前のカイシャ

欧米型のカイシャ

戦前まで、農業は人々の中心的な生業の地位を維持し続けてきた。むろん、市場経済のムラへの浸透や、農家の次三男の都市部への流出も進行し、都市部では工業化を担う企業が徐々に拡大しつつあった。ちなみに、非農林被雇用者率は一九五〇年で三〇〇万人、二一パーセントで、なお多くの国民は農林業を生業としていたことがわかる。それが大きく変貌するのが、戦後の高度成長期であり、結果として、一九九五年には非農林被雇用者率は、二〇三四万人、七八パーセントに達しており、農業従事者六・二パーセントとなっている。四五年の歳月は日本の産業構造を一八〇度変換してしまった。

だが、明治維新以降、産業の近代化を目指す国家は、ヨーロッパの自由主義的な企業体制の導入を図ってきた。それは官僚主導的な官営大企業によって担われた。そこでは官吏と雇員、職員と工員、さらには工員のなかでも本工と臨時工との間には区別があり、待遇面でも大きな身分差が存在した。一般にこの時期の経営のあり方に対しても「家族的経営」という言い方がなされるが、それは経営者一族とその身内としての職員との間の関係には当てはまるが、工員、すなわち労働者は原料や機械と同列の「労働力商品」、すなわち生産手段の一要素とみなされており、彼らの多くは企業に対する帰属意識は極めて低いものにならざるを得なかった。第一次大戦前までは主力の企業は繊維産業を中心とするものであり、工員の多くは女性であり、夜間労働を含む長時間労働と劣悪な労働環境下に置かれ、「出稼ぎ女工」「結核女工」と呼ばれていた。だが、彼女たちの企業への定着率ははなはだ低く、その多くは逃亡除名となり、その背景には壮絶な女工争奪が存在していた。第一次大戦後には軍需産業、重工業が躍進するが、労働条件の劣悪さから労働組合の結成や労働争議の頻発をみることになる。そして、一九三七年には労働争議が前年の七倍にまで急増したことを受けて、政府は「時局対策委員会」を設けて、それまでの企業体制に代わる新たな企業体制の構築をめざした。それが答申「労使関係調整方策」として示され、「産業は事業者、従業員各自の職分によって結ばれた有機的組織体である」といった新たな企業体制像が提示されることになる。むろん、これは労働争議への対策の一環でもあるが、それ以上に準戦時体制下における労使の対立と、労働者の企業への帰属意識の低さを払拭し、労使の一体化をめざそうとするものであった。そこでは、従来の職員、工員の呼び名に代え、双方をまとめて「従業員」とし、それを経営者と並ぶ経営構成員と位置づけ、これまでの差別的処遇を否定することをめざした。ついで、企業をそれら構成員からなる有機的組織体とみなすことによって、自由主義的企業体制において優位に立っていた株主の地位の後退を図るものとなった。これは明らかに株主優位の欧米型の自由主義的企業体制からの離脱を意味するものである。

ムラとしてのカイシャ

つまり、欧米型の企業組織の輸入から始まった日本の企業は、一九三〇年代後半以降に、そこから距離を置いた戦後型の企業組織への移行を果たしつつあったと言える。この企業体制の変換は三〇年代後半以降の準戦時体制下において企画院官僚を中心とした、いわゆる急進的新体制派による、資本主義的私益優先の体制から、国家目的＝公益優先の体制への転換としてめざされたものである。だが、同時にこの転換は私的営利の追求と、出資者である株主の優位、生産要素としての労働力といった欧米型の企業体制から、公益的営利、株主の後退、企業構成員としての経営者と従業員といった、戦後、高度成長期の日本企業固有の企業体制として広く普及をみる「日本的経営」の基本的要素を組み込んだ萌芽となる体制であったといえる。

そして、こうした「日本的経営」の担い手である企業体制に関する幾多の議論は、それを「家族主義」や「集団主義」などと形容してきた。むろん、企業経営者一族や財閥は、これに仕える番頭たちと「家族主義」的関係を作り上げ、企業活動を一族の「家業」と位置づけるようなことはあったであろう。また、労使が一体となって「うちの会社」という帰属意識を持ち、集団主義的な行動を見せることもある。だが、さきに見てきた「ムラ」と「イエ」の関係から言えることは、戦前までの日本で生業たる農業に関する集団行動の単位となるのは、「イエ」ではなく「ムラ」であったということである。個々の「イエ」の屋根替え一つとっても、それはムラの「ユイ」や「講」組織への依存抜きには不可能であったからだ。

農家の次三男を中心に都会に出てきて、新たな帰属場所としての企業、会社の従業員となった彼らにとって、そこは長男家族と親が待っている「イエ」どころか、互いに血のつながりもなく、それまでどこでどうしていたかも知れない他人同士の間柄でしかない。そうした他人同士が労働の場を共有し、そこで互いに協力し合いながら生産を行う関係を築き上げようとする際にモデルとなるのは、いうまでもなく「ムラ」以外にない。

近代社会に移行したての日本は欧米の自由主義的契約関係に基づくアソシエーションとして、企業体制を導入したが、準戦時体制といった時局などの要因にも影響されつつ、結局その圧倒的に多数からなる従業員にとって、彼らのかつての労働の場である「ムラ」的関係こそが最もなじみやすいものなのであった。そして、そうした「ムラ」ということならば、労働における共同などは言葉で教わらなくとも、自然と体が反応することになる。また、従業員相互の関係も、ムラの「ユイ」や「講」で見られる自発的な共同の関係として、互いに即座に了解しあうことが可能である。いわばモジュール（部品）として導入された欧米型の企業体制は異質な小部品の組み立て品として、受け取られたのではないか。その一つ一つの小部品（経営者、職員、工員）と自分との間にはアイデンティティを感じることはない。なぜなら、彼らのこれまでの人生の中にはそのような「小部品」としての生き様は経験がないからである。しかも、職員と工員の間にあるような差別を受けたこともない以上、そのような組織に帰属感がわくはずもない。「ムラ」では、各人の職務はそれぞれでも、あくまで相互に対等であり、だからこそ互いの気持ちに寄り添うこともでき、必要な援助は言葉抜きに自然と出てくるものであった。企業＝働く場として最もなじみ深い「ムラ」的共同が、その内部に醸成されるような環境作りが三〇年代後半以降に整備されつつあったということであろう。

第三節　「イエ」的家族

「作られた伝統」としてのイエ

家族とイエとは、似て非なるものである。家族とは、「核家族」が典型であるように、一組の夫婦とその子どもからなる場合も、またそこに夫婦の親が同居して直系家族を構成する場合も、いずれにせよ実態としての生活共同体といえる。これに対して、イエは異なる世代の、異なる諸家族を統合的に包摂する系譜的な組織とその観念であり、生活というよりは組織だった経営共同体といえる。それゆえ、家督、家産、家業が重要視され、それらを家名とともに継承することを目的としている。

明治民法では、旧武士の「イエ」の観念を中心として、「家」を規定した。そこでは戸主（家長）が家族に対して大きな権限と責任をもち、家督の相続順位による家族員間の階統制が存在しており、家督については一人相続主義が採用された。それゆえ、この系譜性と階統制の点から明治民法の規定するイエは前近代的で極めて封建的な遺制と長らくみなされてきた。

しかしながら、その実態といえば、家産も家業も法的には個人化されており、戸主はそれを自由に処分できた。せいぜい家督と祭具、墳墓を継承するにすぎず、家業の経営体という性格は著しく弱体化した。それゆえ、階統制も安定したものではなく、重要視されることもなくなってきた。そもそも戸主権の内容も家族の婚姻、養子縁組、転籍に関する同意権へと制限されており、極めて脆弱なものでしかなかった。さらに興味深いことに、明治民法は旧民法（ボアソナード民法）における戸主権の規定を戸主権限の「権利化」として強化したと考えられるが、いずれも「法的な戸主権」とは明治後半期の所産であって、それがあたかも実在した「伝統的」な権限であるかのように装っていたが、実はその時点で新たに「創造」されたものであったということである。

それゆえ、明治の「イエ」とは、武士的な「家」をモデルとして、あたかも日本的な伝統に則った「イエ」を法的に再規定したかに装いつつ、実態としては近代資本主義体制とそれに支えられた国家体制に適合的な近代的家族制度として発明されたものにほかならない。

イエのタテマエとホンネ

このように、明治民法のイエは、明らかに近代資本主義の私有財産制に適合的な、家産の売買の自由を保証するものであり、それゆえ、系譜性といえども、名ばかりのものでしかなかった。だが、名ばかりの家督や家長権をうちたてることによって、あたかも近世までの武家、商家のイエの世襲、つまり実態としての家産、家業、家名の継承の重要性が呼び戻されたかのタテマエが生み出されることになる。このタテマエは実態からかけ離れたものであるほど、守るべき理念として重要視されることになる。タテマエやプライドというものは、それが多少なりとも実態を伴う場合にはさほど固執されることはない。実態を伴わないタテマエやプライドほど、実態の不在を隠ぺいするためにも、執拗に前面に打ち出されることになる。

そのことは、戦後の高度成長期の間、日本人の多くが盆暮れに一斉に家族ぐるみで里帰りをし、先祖の墓参りをするといった慣習として長らく生き延びてきた理念にほかならない。里帰りする農家の次三男一家にとって、親と長男が住む実家こそ、自分たちにとっての本家であり、親が生きているうちは、次三男として、長男とは兄弟の間柄であると同時に、親の共通の子としてのアイデンティティが保たれる。つまり、都市部に出て、たまたま別居しているが、そこは自分の帰るべき本来の実家なのである。だが、親が亡くなり、長男も自分たちもそれぞれ結婚し、一家を構えることになると、自分たちはそこから分かれた分家として、いずれ故郷に錦を飾って往き来できるように、創家することを夢見る世代となる。

イエの仕事

ところで、戦前までの農家にあっては、イエ内の家事労働や土間での生産労働、子育てなどは家族員総出による労働の相互贈与によってなされてきた。だが、農家の嫁には、夫と同様の生産労働の他に、家事、育児などが集中的に押し付けられていたのも事実である。ちなみに、一七世紀の米沢地方の農民生活に関する「直江兼続四季農買戒書」の分析から当時の性別分業の実態を明らかにした長嶋淳子によれば、近世初期の農家の女性は「田植え、田の草取り、脱穀、調整作業等の農業労働をはじめとして、衣類調達のための機織り、衣類作成、食事全般（舂米、食事運搬等をふくむ）、男性の疲労回復への奉仕等の家事労働におよぶ多様な労働に従事していた」（長嶋 1998: p.15）とされる。

農民の労働は近世以来、戦前までそれほど変わってきてはいない。いずれにせよ、過酷な労働生活の連続なのであった。なかでも、女性は生産労働に従事するだけではなく、炊事、洗濯、裁縫といった家事労働と、さらには子育てもしなければならない。男性は生産労働に加え、ムラの共同作業に関わってきた。むろん、年上の子どもは、下の兄弟の面倒をみるのは当たり前であり、一定の年齢になれば生産労働にも参加しなければならない。ムラが各イエからの共同労働を集約して維持されてきたように、イエもまた家族員総出の労働の提供によって成り立っていたのである。

「専業主婦」の登場

このように、戦後の広範な主婦による家事労働といった形は、戦前までの農家の女性には考えられなかった労働のあり方であった。品田知美が言うように、「日本で、ながらく家事は労働に余裕ができたときになされる余剰なものであった。……つまり、日本では、家族が労働を贈与交換する場でありつづけたともいえる」(品田 2007: p.114)のであった。

だが、戦前でも、近代化が進み、大正時代にサラリーマンとその妻という近代家族が部分的に現れ始めたころの嫁のくらしについて見るなら、その日常は、家事や育児に追われた生活とはいえ、農家の嫁の目からすれば、想像すらできないほど恵まれた生活に映ったに違いない。夫の親を含む直系家族の中に混じって、他家から嫁いできた嫁に期待されたのは、第一に生産労働であり、その合間をぬって家事や子育てをしなければならないが、家事や子育ては労働とはみなされてはいなかった。それゆえ、農家の嫁は「牛馬以下」といわれるようなひどい扱いに耐えなければならなかった。それに比べて、生産労働から解放され、夫が勤めに出ている間、農家とはまるで異なった中産階級の居宅で、場合によっては女中の一人も雇い、家事と子育てにいそしむ姿は到底同じ「主婦」の名で呼べるようなものではなかったに違いない。それは、農家における家族員総出の労働の贈与交換とはかけ離れた、新たな分業の形なのであった。

イエと親子

戦前までの子育て、あるいは子供の教育については、次の項で触れることになるが、教育ということでは、家族は教育機関ではなく、子どもや若者の教育はムラの年序組織である「子ども組」

や「若者宿」に任されていた。戦前までの親子関係とは、文字通り「運命共同体」的な肉親の関係であり、「切っても切れない」宿命として観念されていた。

近世から明治にかけての親子関係のあり方について、川島武宜は、そこでの親の恩と子の孝の関係を時の政治権力によって教示されてきた「封建的なイデオロギー」と特徴づけた上で、親の恩として、幼い自分を養育してくれたこと、嫁を貰ってくれること、財産を相続させてくれることに加え、自分を生んでくれたことを挙げる。そして、この恩に報いるために子が負う孝とは、親を尊ぶこと、立身出世して親と家名を上げること、親を養うこと、そして子をつくることであるとしている（川島 1957）。

だが、こうした教えは果たして時の権力者によって教示されたものと言えるであろうか。そうだとすれば、ここに通底している「祖先」を敬う日本の固有信仰すら、為政者の教示であって、庶民の本来の信仰とは異なるということにならざるを得ない。むしろ順序が逆なのではないか。そもそも「祖先」なくして自分は存在しない。自分の存在は祖先からの贈与である、という負い目から、日本人と世界との関わりが成り立ってきた（一神教の世界では、自分を含む万物は「神の贈与」とみなされてきた）。だから、日本の祖先への信仰は庶民のなかに営々と継承されてきたものなのである。為政者が画策したのは、むしろ、その信仰を自分たちがめざす国家体制にとって都合の良い方向へと誘導することであった。「我が国は祖先教の国である」（穂積八束）との家族国家観の提唱がその典型にほかならない。

それはともかく、こうした親子関係の規範が、川島が説くように、為政者の教示に基づくものではなく、古今東西を通じて、日本人の親子関係に固有の土着的な規範であり続けたと説くのは中林である。「親子間にある恩の観念および規範で基本的なものと私が考える第一点は、恩を施す側、すなわち親の側の行為はあくまで無償の行為であることが強調されるという点である。無償の行為ということは、まず自己犠牲にもとづく行為であるという意味がある」（中林 1977: p.146）。

つまり、親の恩は、その行為に対する見返りを期待した行為ではないということであり、仮に見返りを強要するとするなら、「恩をきせる」ということになり、本来の恩の規範から外れることになる。ここで無償の恩と言われていることは、いわゆる「純粋贈与」ということであり、まったく見返りを期待しない一方的な贈与ということになる。確かにそれは欲望を持った人間にとっては、かなり難しい行為ではあるが、親が自分の子どもを思う情が深ければ深いほど、それは場合によってはありうることである（このことは、夫婦間についても言えることである。妻が最も嫌う夫のことばとして、挙げられるのは「誰のおかげで食っていけていると思っているんだ」というものである。明らかに「恩をきせる」ことばである）。

そもそも親子関係とは、双方にとって相手を自由に選択したうえで成立する関係ではない。その意味では、一つの宿命的な関係である。とりわけ、子どもにとって、自らの存在は親なくしてはあり得ないものであるから、自らが存在することを是とする限り、この点では親に対する恩義には返しようのない負い目があることになる（ただし、自らの存在を非＝否定的と感じる子にとっては、親に対して「なぜ俺を生んだ」と恨み節を唱えることになるが、ここではこの点は扱わない）。自らの存在は親からの純粋贈与として与えられたものとされる。

このように、親子関係における、ある意味では「存在論的」ともいえる恩と義理の宿命的な関係は、だからこそ、子は親の恩に報いるために孝行を尽くすことになるが、この恩と報恩の関係は、ムラ人の日常の「互酬」のように、対等な関係ではなく、報恩は、絶対的にこれで完遂したということにはならないものと観念される。つまり、自己の存在を贈与されたことに対する、完全な返済とは、自分の存在を贈与するということなのであるから。そして、それは不可能である。

こうして、戦前までのイエは、家族員総出の労働の贈与によって成り立ってきたのであり、親の子育てを恩と感じる子どもの報恩が孝行を義務と感じさせることになる。この個人の生涯にわたるだけでなく、子孫代々へと引き継がれていく親子関係を中心としたイエ内部の贈与のネットワークこそが、当時のイエの共同生活を構成するものであった。

第四節　ムラと学校

ムラのしつけ

戦前までの子どもの教育について考える際に、興味深いのが、明治時代の外国の文化人の目を通してみた日本の親子関係である。そこでは、路上で遊ぶ子どもたちを、その横に座り込んで見守る父親たちのしぐさがあった。ヨーロッパ人の父親であれば、自分の子どもが悪ふざけや無作法なまねをした場合に採るであろう「しつけ」のようなことを一切しない、あるいは「しつけ」を放棄しているとしか映らない状況があった。子どもはほとんど自由に、大人の束縛を受けずに、したい放題のことをし、父親はそれを矯正したり、導いたりすることなく、いとしげに、ほほえみながら見ているだけなのであった。日本人にとって、子どもとは、そういうもの、つまり、人為的に「しつける」対象ではなく、歳を追うごとに自然と「大人」になる存在と考えられていた。家族とはそれをしつける教育的機関ではない、という前提があったといえる。

それはムラの「子ども組」や「若者組」「若者宿」といった年序組織に任されていた。青年の教育という点でみると、一五歳になると、元服とか烏帽子着と呼ばれる成人式が行われ、「若者組」への参加が認められる。そこで、ワッパカないしイチニンと呼ばれる大人一人前の一日の仕事量をこなすための訓練を受けることになる。こうした働き手として一人前の仕事をする能力を身に着けるといった機能以外に、若者組はムラ内の夜警、火の用心などの治安、警察の役割を果たし、祭礼や力仕事全般をこなすことが期待されていた。この時代はどこのムラでも、子どもが一五から一八歳の成年年齢になると、若者組に参加し、こうした訓練を結婚するまで受けることになる。

だが、いうまでもなく、そこでの教育とは、学校教育のように、実生活とは別の、組織的かつ人為的な働きかけによるものではなく、ムラの生活で、一人前のムラ人としての労働を中心とした社会的活動をこなす能力を身に着けることを目的とするものであった。それゆえ、ムラの生活から隔離された「学校」といった異空間に身を置くことはなく、ムラの生活を営みつつ、そこで必要な知識や規範を身に着けることがめざされた。その際、「習うより慣れろ」と言われるように、ある活動を身に着けるためには、言葉によって教わるのではなく、ムラ人や先輩の活動を模倣することによって習得するというのが一般的であった。とりわけ、技術ではなく、技能の習得が必要な場合には、道具や装置についての口頭の説明ではほとんど用が足りず、道具や装置を自らの身体の延長物にするまで、黙々と模倣を繰り返すほかない。そこには、模倣の手本となるムラ人や先輩との、言葉以上に身体的で濃密なコミュニケーションが不可欠であり、戦前までは、学校教育が成立した後にもそうした濃密な身体的コミュニケーションの場が存在していたのである。

そして、こうした技能の習得の一つ一つは先輩から後輩へと贈与され、贈与を受けた者は、いずれそれを自分の後輩へと贈与することが、先の贈与を受けた際の負債の返礼と観念されてきた。

ムラの学校

一八七二（明治五）年の学制発布以降、学校教育がムラに普及してゆくのであるが、学校教育がムラの伝統的な教育にとって代わり、文化的ヘゲモニーを確立するには明治の末までを要している。その間、ムラと国家との間には多くの軋轢が存在していたのである。明治初期の学校焼き討ち事件や教員襲撃事件は、それまでのムラの生活と、近代的な時空間を持ち込む学校との間の文化的ヘゲモニーをめぐる葛藤を反映するものであった。旧暦に合わせたムラの行事と、新暦の日曜、休日に合わせた学校行事との対立や、抽象的な学校的知識習得のために就学を強制する側と、イチニンとしての生活に根付いた技能を身に着けさせるという伝統的なムラの教育との間の齟齬が存在していた。

このムラと学校との膠着状態に変化を及ぼしたきっかけは、学校が単に「文字を通しての教育」という限定された学校内の教育から、教育対象を拡大してムラ人自体の変革に乗り出したことにあった。一九〇六（明治三九）年の地方長官会議にはじまる「地方改良事業」は、ムラの伝統的な生活様式を「旧慣」として問題視し、小学校教員による「旧慣」の改変をめざす教化、指導が通俗教育（社会教育）の名の下に進められることになった。その間、若者組が「青年団」に改組され、産業組合や農会、在郷軍人会が組織され、報徳会（一九〇五）や修養団（一九〇六）といった全国的な教化団体が結成され、その下部組織がムラのレベルまでおろされてきた。それらの団体の団長や役員、講師として校長や教員が採用され、ムラ人の啓蒙活動に携わることになり、「遅れた地域を改良し啓蒙する進んだ学校、教員」といった構図が教化されることになる。こうした流れは、一九二〇年代の「生活改善運動」や、その後の学校衛生における「健康教育」の名目での手洗い、歯磨きの励行という形での学校から子どもを通じての家庭や地域の改変を促すことに結びつく。（岩内ほか 2005: p.260）

このように、学校は子どもの教育を通して、またその対象を拡大して、個々の家庭や地域全体の改変をめざすことになり、そこでは「進んだ学校と教員」による「遅れたムラと親」の教化といった正当化がなされ、文化的へゲモニーの掌握が進められた。それを通じて、就学率の上昇とともに、学校は国民養成の「義務教育」として定着していった。そして、この流れのなかで、学校教育の現場では後に「学級王国」と称される日本固有の「学級制」が成立し、子どもたちを「囲い込む」ことによる全人格的教育が推進されることになる。

日本の「学級」

学制発布（一八七二＝明治五年）後、尋常小学校は上等小学と下等小学に分けられ、それぞれ四年で終了することになっており、それぞれ八級から一級までの等級制で組織されていた。まず低い段階の試験をパスして、上の段階に上がるということで、この時期には今日のような同年齢で分けられ毎年進級するという学級制は存在しなかった。

ところが一八九〇年（明治二三）年に「教育勅語」が公布され、教育目標が単なる知識の獲得ではなく、国民教育として道徳教育を中心とした全人格的な教育をめざすことが起点となって、翌一八九一（明治二四）年の「学級編成等に関する規則」によって、学級制が導入されることになる。そこでは学級は「一人ノ本科正教員ノ一教室ニ於テ同時ニ教授スヘキ一団ノ児童ヲ指シタルモノニシテ従前ノ一年級二年級等ノ如キ等級ヲ云フニアラス」と規定されることになる。これまでの等級制に基づく「級」組織から、教師と子どもの関係を軸に、学級制に基づく「組」組織への転換がなされた。その際、「組」という名称はムラの「子ども組」という生活集団に由来するものであり、年齢差一歳未満のほぼ同学年の子どもたちが「同級」生として年間を通じて一人の担任教師とともに学校でのほぼ全時間を過ごすことになる。（木村 2015: p.34）

ムラとしての学級

この「組」組織は、明らかに等級制に基づく「級」組織とは異なった、一種の「生活共同体」をめざすものであった。「学級」は制度的に強制されたものであり、そこでは、仲間づくりなど、子どもたちの関係性が重要視される。また、学校では清掃活動や給食といった日常生活に欠かせない作業や、誕生会やクラス対抗競技などのさまざまな行事が学級に任される。そうした活動の重層的な組み合わせの結果として、学級はそれ自体が一つの生活空間として観念されることになり、「学級王国」と呼ばれるような独立した存在であるかのように考えられるにいたる。（柳 2006: p.21）

この「学級共同体」に対して、欧米では「級」組織が中心となっており、子どもたちは時間割に従って各科目の教室に移動し、それぞれの科目担当教員の指導を受けるシステムである。「組」では、一人の学級担任が同一教室でほぼ全科目の授業を同じ子どもたちに指導する。このように、日本でも、当初は欧米同様の「等級制」から出発したにもかかわらず、なぜこうした変更が生じてしまったのか。そのきっかけは、すでにふれたように「教育勅語」の公布にあったにせよ、日本固有の「学級制」成立の背景について、柳はこう指摘する。日本では、西欧のように「農村的秩序が解体し、都市を中心に産業革命が進行する過程で学校が成立したのではなく、農村的秩序の真只中で、学校を作り、学級制を定着させねばならなかった。……大部分の人々は農民として村落共同体という伝統的集団の枠組みの中で生活していた」（同前：pp.136-137）からであると。

つまり、欧米直輸入の「等級制」を変更するにあたって、ムラ的共同体というモデルに即した「学級制」を作り出すためには、それまでムラにおいてなされてきた生活、生産、祭祀機能の共同を学級内に持ち込めばすむことで、それで「学級共同体」がたちどころに成立することになり、そのほうが、子どもたちのみならず、教員にとってもなじみやすいものであった。そして、この「学級」を単位として成立する学校それ自体も共同体として有機的に運用するために、入学式や卒業式、始業式や終業式、創立記念日などの学校行事や儀式を学校時間のなかに組み込むことによって学校としてのまとまりや子どもと保護者の学校への帰属意識を高めることを可能にした。「学級」という画一的な同年齢から構成される集団が全国的な学校の単位となった以上、それまで始期、終期がばらばらであった学年暦も統一される必要が出てくる。そこで一八九二（明治二五）年から、小学校は全国的に四月一日始まり、三月末卒業式として統一されることになった（有本 2013: p.104）。まさに、ムラと対抗的に出発した学校は、その内部にムラ的共同体を再生することによって、欧米の学校とは異質の学校共同体を発明したことになる。

学恩・恩師

近代の学制は、四民平等を前提として、学歴による立身出世の可能性によって、当時の貧しく、抑圧的な生活から抜け出して、親とは別の豊かで未来志向的な生活の実現を約束するものであった。こうした立身出世の可能性と未来への成功神話を生徒に植え付けることができるなら、学校秩序は安定し、生徒たちの自発的な態度を引き出すことが可能になる。

教師と生徒との個別的な関係の中で、教師による生徒に対する期待を理解させることができるなら、「先生は自分の将来のことをこんなに心配してくれているのに、私が怠けたのでは申し分けない」とか、「先生の励ましにもかかわらず成績が上がらないのは、私の努力不足が原因である」（同前：p.185）という「負い目」感情を生徒が抱くようにしつけることに成功することになり、あとは生徒の自発性に任せておけばいい。

こうした「負い目」の対極に「学恩」という教師の恩情が位置する。この恩師との関係は互酬的なものである。先生が自分に対して期待をかける、ということがそもそも自分の潜在的な可能性を見出し、それを引き出そうとしてくれている、と感じるなら、教師がそこまで自分に関心を抱いてくれているという感謝の念が生まれる。そして、その期待＝恩に背いて、結果を出せないとしたら「負い目」感情が生み出されることになる。こうした感情の互酬的関係は、明らかにムラやイエの生活の中に編みこまれた労働のやり取りをめぐる恩と義理から構成される共同体的関係性に発するものであり、それが「学校共同体」のいわば「影のカリキュラム」として、生徒たちに内面化されてきたのである。今でもなお、全国各地で開催される「同窓会」の類は、高齢化したものであるほど、かつての子弟関係の「恩」と「義理」といった感情を引きずっており、「同窓会」の開催こそが今となっては「恩返し」の意味を持った集いなのであろう。

第五節　ムラのマツリ

マツリとは

以上、戦前までの日本社会の生産、再生産を担う、生業、家族、教育の諸領域の共同体的構成について見てきたが、そうした共同体的統合を作り出す装置としての「祭り」について考えておきたい。

日本語の「祭り」は、「月」にくづき（肉月）と「又」ゆう（右手という意味）、そして「示」の三つの部分から構成されており、「月」は「肉」を指し、「又」は右手でつかむこととされる。つまり、肉を手に取り、神にささげることとなり、「示」は神による吉凶の判定のお告げという意味である。「まつる」とは、そもそも「そなえる」の意味であるから、神に対して供え物をするというのが「祭り」の原義であるといえる。

では、神に供え物をすることによって、いかなることがめざされているのであろうか。それは「神人交流」（コミュニオン）である。この非日常的なハレの場における「神人交流」によって、日常的なケの世界では個人として互いの利害の違いからばらばらになりがちな人々が、祭りの高揚感と興奮のうちに共同感情によって集団との一体感を持つにいたるのである。こうして、祭りとは「コミュニオンを通じての集団同一化」（上野 1984）とされる。だが、神への供え物をすることが、いかなるプロセスを経て、集団同一化を生み出すことになるのであろうか。そこには、「神への供え物」＝贈与の機能が隠されている。

神への贈与

バタイユによれば、文明化された社会では、人々は商品生産と、その売買によって生存のための糧を手に入れざるをえない。それゆえ、人々は自ら動けない商品に代わって、その生産と流通に関わることになり、それが文明化された社会における労働ということになる。だが、こうした市場交換の世界の主役は、あくまで商品なのであり、人々はその商品を生産し、流通させる手段でしかない。つまり、この世界では人間は事物の一つ〈労働力商品〉と化してしまっている。

人間はこうした事物化した自らのアイデンティティに耐えることができない。この事物世界の彼方をめざし、自分を取り戻そうとする衝動を有している。そのためには、再生産過程へと順次送り込まれ、新たな富を産出する回路から富を引きはがし、「非生産的な仕方で消尽することだ。それはだから〈自分の労働が実現した作品としての事物〉を否定すること、さらには〈労働する者としての自己〉をのり越えようとすることであり」（湯浅 1997: p.101）、本来の人間性を取り戻す機会にほかならない。

だが、単にモノを破壊したり、他者へと譲渡するだけでは、あとに続く「エコノミーの回路」

によって、容易に回収されてしまう。使い捨てのペットボトルはリサイクルの市場で再生され、譲り受けた他者はそれを別の人間に売却するかもしれない。電化製品の廃棄は今日では有料となっている。したがって、消尽するというわけにはいかない。できすぎた野菜は畑で廃棄されるが、そのことによって野菜の価格の暴落を防止しているのである。

文明社会では、消尽することすらままならない構造になっているのである。それゆえ、モノを譲渡する際に、絶対に返礼ができず、通常の「エコノミーの回路」へと回帰しないような相手に対してそうする必要がある。そのような相手こそ、「神」あるいは「先祖」なのである。かれらは、彼方の世界にいるため、現世のエコノミーとは関わりがないからである。つまり、「神」あるいは「先祖」へのお供え＝贈与ならば、純粋な贈与であり、消尽が成立するというわけである。

贈与とならぶ非市場交換である「互酬」や「再分配」は、確かに今日の通常の「エコノミーの回路」とは異質ではあるが、純粋な贈与もしくは消尽ということにはならない。「互酬」では、贈与された者は、返礼が済むまでは「負い目」を持ち続けなければならない。「再分配」では、中心化された人物がその再分配の仕方を恣意的にコントロールすることで、容易に権力者へと変貌する。いずれも非市場的交換ではあるが、その背後には隠された功利主義がいつでも牙を剥く準備をしているわけである。

そこから、「祭り」における消尽として「供え物」＝贈与が始まったと考えられる。そこでこ

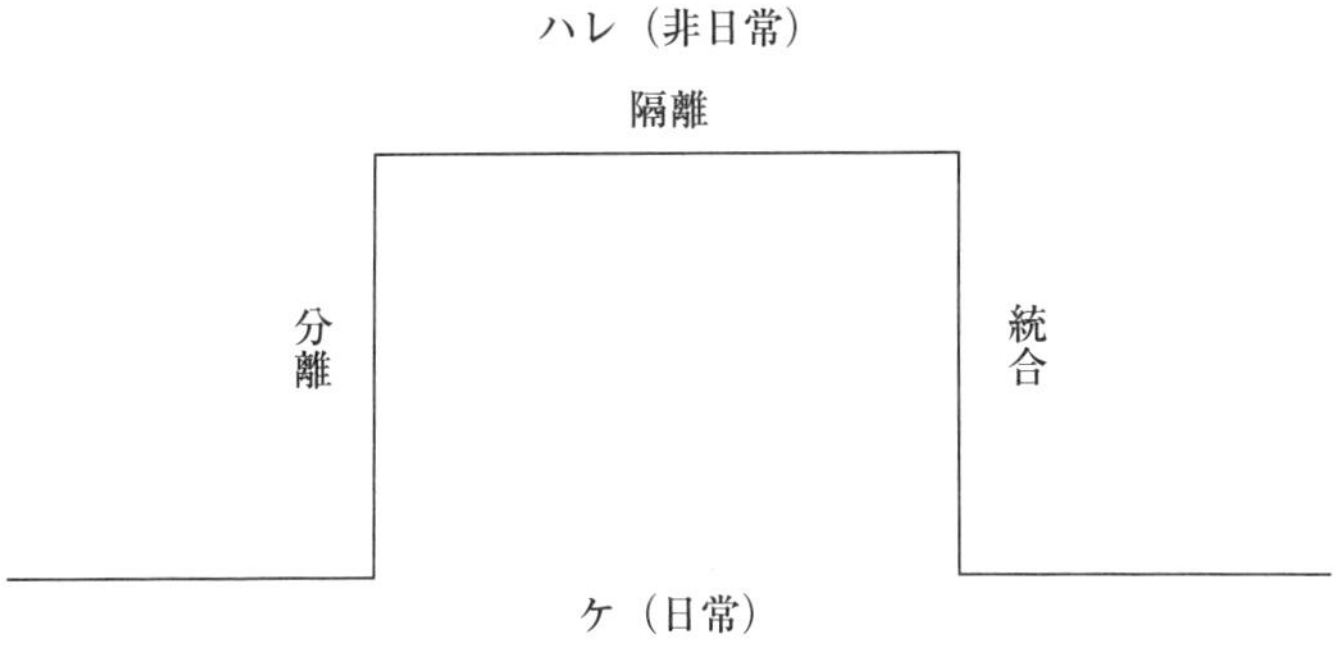

図 1-1　儀礼の構造

そ贈与は俗なる通常の世界を超えて、通常の「エコノミーの回路」への回収を免れ、再生産による利潤獲得や、消失が権力に姿を変えることもなく、純粋に消尽されることになる。つまり、世俗を断ち切った世界への通路が開かれることになる。そして、この通常のエコノミーを超え、損得と関わりのない純粋贈与＝消尽を共同で遂行することを通して、日常の関係を逸脱した世界の共有を実現することになる。日常では個々の利害の違いからばらばらになりがちな関係が、ここでは利害を超越した世界を共有することで、通じ合うことになる。つまり、「コミュニオン」の実現にほかならない。

祭りのかたち

ところで、日本のマツリの場合も、E・リーチによる儀礼の構造分析から明らかにされた、俗から聖の①「分離」、②「隔離の期間」そして、③「再生」ないし「統合」といった三つの局面として分節化される。つまり、象徴的な死としての①「日常＝ケ」から「非日常＝ハレ」への移行と、これに続くマツリの本番である、②神人交流＝コミュニオンの後、③新たな日常の再生＝統合を帰結する、と観念される限り、それは共同体の再統合という社会的機能を実現することにもなる（図一－一）。

倉林正次は祭りの本義は「神に供物を奉り供える」ことにあると論じつつ、祭りのプロセスを①「宵宮」②「直会」③「宴会」に区分している（倉林 1975）。

①の「宵宮」は、神との対面に先んじて身を清める「物忌み」の後、祭りの中心を担う「祭主」「頭屋」を先頭に氏子全員が神社に集まり、神饌（神に供える酒食）を供え、夜通し神に奉仕し、朝にまた神饌を供える。実は、祭りの前日から執り行われるこの宵宮こそが、祭りの本義なのであり、前日と当日は、現在のように日付によって記号的に峻別されてはおらず、夕刻から朝方までは連続していたのである。

その後、社務所などに場所を移して、②の「直会」つまり酒宴が始まるが、そこでは神の供え物が下されると同時に霊力が人間の側に移り、神と交わると観念される。いわばコミュニオンの成立である。そして、この間に神への奉納として、さまざまな芸能、競技（相撲、綱引き、流鏑馬、神楽など）が執り行われる。これらの催しは単なる余興ではなく、あくまで神事なのである。

そして、祭事の本番が終わると、人々は場所を移して無礼講が始まる。③「宴会」である。同時に「巡幸」と呼ばれる行列があり、神が守護する地域を巡ることになり、ここで神輿や山車が神社に集まり、祝祭が始まることになる。今日ではマツリというと、この「祝祭」＝パレードが本番であるかのように思われているが、それは、神事、祭事の終了後の「宴会」の一部でしかなかったのである。

こうした戦前までのマツリの伝統は、ムラと神社を中心に営まれてきたわけで、神社の神職と呼ばれる神の意志の伝達者たちの中心である宮司が祭祀の責任者になる。地域によっては、特権的に祭事にあずかるイエが宮座を組織し、祭りに独占的に関わる。宮座のイエは、祭りの準備の主導をする頭屋（当屋）を決め、地域内の居住者から構成される氏子組織のなかから祭りの運営にあたる総代が選ばれる。氏子組織は地域ごとに会所を設け、神輿や山車を出して祭りを盛り上げる。ムラのこども組は「こども神輿」を、青年団が町内の神輿をかつぎ、老人が会所を仕切る、といった年序別の役割分担がある。

贈与とマツリ

ところで、祭りの本義が神への贈与として実現される消尽であると考えるなら、マツリの社会的機能としての共同体の「再生」ないし統合のメカニズムに注目する必要がある。というのも、マツリ研究者たちが一様に「マツリ」の「イベント」化、と結論する現在のマツリの惨状こそ、本書のテーマの一つである「社会の死」を象徴するものにほかならないが、同時に、本書では、その「死」の後にこそ「社会の再生」の兆しを見ることができると考えるからである。そして、現在のマツリの惨状のなかにも、そうした兆しが歪んだ形で姿を見せていると考えられる。

そこで、改めて、戦前までの「ムラ社会」とマツリとの関係について考えておこう。すでに見てきたように、戦前までのムラでは、労働やモノの非市場的交換としての「贈与」「互酬」「再分配」が、「テツダイ」「ユイ」「モヤイ」などとして、ムラの経営を成立させてきた。むろん、市場経済の浸透も進んできたが、都市部に比べて、農業生産を主体とする以上、労働力の集約や配分は不可欠であり、それらはムラ内部で調達するほかなかった。

しかしながら、現実の「互酬」（ユイ）や「再分配」（モヤイ）では、市場経済の浸透とともに、そこに「損得」の利害感情がつきまとうようになる。本来、共同の営為であるから、個々人の提供分と、返礼分を計算することはできないにもかかわらず、いや、計算不可能であるからこそ、場合によっては提供分を減らしたり、返礼分を減らすことによって人より得をすることを思いつく輩はどこにでもいる。それが、市場経済の刺激を受けることによって、ムラの内部に増幅されるような事態が生まれる可能性もある。

そもそも、これらの非市場的交換や関係は、市場関係のように、見も知らぬ他人同士の取引関係とは異なって、相互に見知った者同士の人格的結合の確認、強化をめざして行われるものであったが、そこに損得の利害関係が差し込まれることになると、共同体的人間関係の「希薄化」を超えて「相互不信」へと反転しかねない。そこで、マツリの社会的機能としての共同体の一体化が期待されることになる。

だが、その前に、こうしたいくつかの類型化がなされる非市場的交換のあり方について、原理的に考えておこう。それは、今村仁司が指摘したことであるが、「贈与」以外の「互酬」や「再分配」といった類型は、ある贈与つまり「与える」ことに対して生じる「受け取る」と「返す」といった義務を差し挟むことによって構成される交換のあり方である。だが、それらは「与える」行為とその相互性を観察者的視点から再構成することによって見えてくる構造なのであって、行為者の視点からすると、「与える」「受け取る」「返す」は実は一つの「与える」行為に過ぎないのではないか、という主張である。つまり「返す」ことも本来は与えることである。AはBに与える。BはCに与える。CはAに与える。ノーマルに関係が進行している場面には「与える／与える」だけがあり、「受け取る」はつなぎの行為にすぎない」（今村 2000: pp.132-123）。

つまり、非市場的交換の原理的行為こそ、「贈与」にほかならないのであり、世俗の世界に生きる人々の利害状況への配慮から、「与える」が常に一方向になってしまう事態を回避し、やり取りが継続するように仕向けるための規範が、「受け取る」「返す」の義務をもたらしたと考えるこ

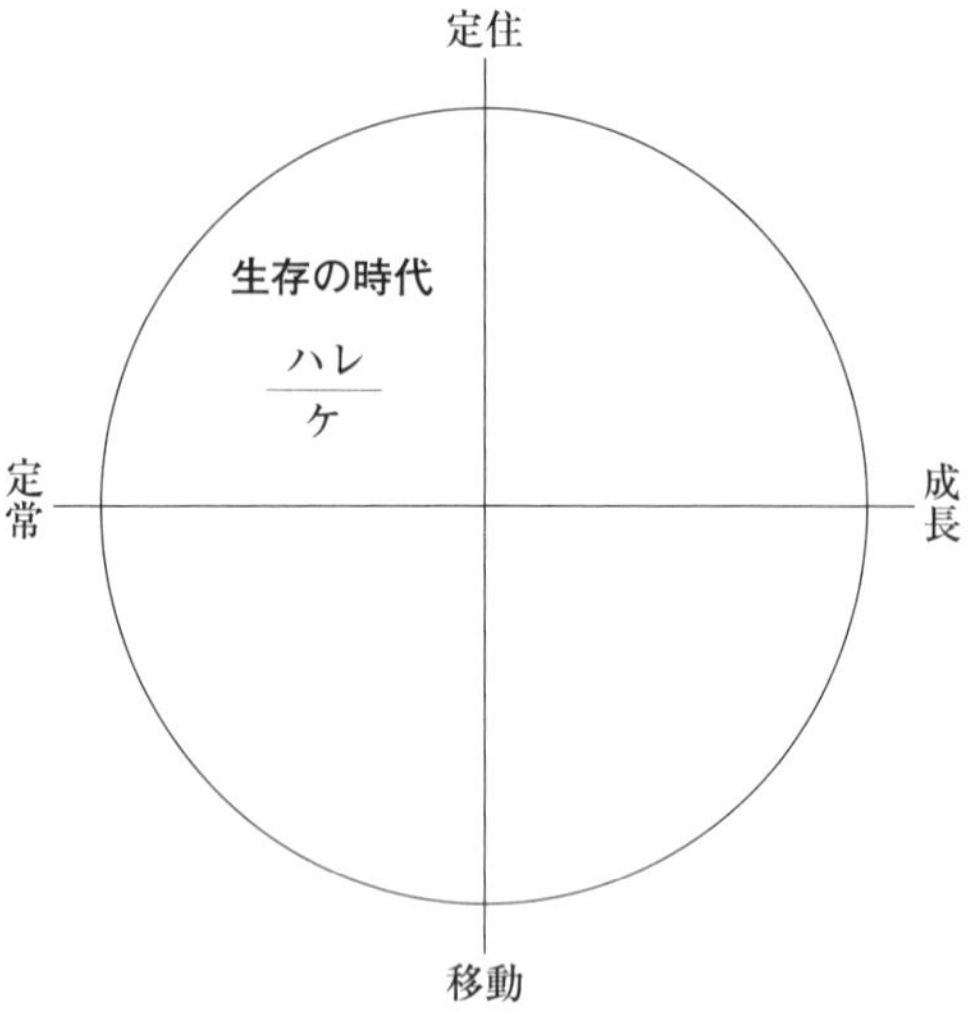

図 1-2　戦前日本社会の位相

とができる。そして、今村が言うように、それらの「与える」以外の契機が「与える」へと収斂するのであれば、この交換が安定的に継続するためには、すべてのムラ人が「与える」行為を自発的に持続する必要がある。マツリは、この「与える」行為の崇高さ、高貴さ、その価値を内面化させる効果を持っているのではないか。共同体のマツリは純粋贈与＝消尽という一方向の贈与の価値を、それこそが日常の計算づくの関係を超越した晴れ晴れしい関係をもたらすものであるという感情を共有することを通じて、人々の間の「コミュニオン」を構築する装置だと考えられる。

　こうして、戦前の日本社会は、ほとんど「農業社会」として、国民のほとんどが農民として「ムラ社会」に帰属して生活してきた。したがって、そこでの社会関係とは、市場交換によって結ばれる「取引」関係ではなく、非市場関係としての、「贈与」「互酬」「再分配」であり、またそれらの原理をなす「贈与」が織りなす関係であった。だから、マツリによって再生される「共同体的一体化」とは、何よりも、相互に贈与しあうことによって醸成される関係性の強化にほかならない。

　こうして、戦前までの日本社会は、その主体の多くが貧農であり、市場経済に多くを依存せず、ムラ内部の労働の非市場的交換を中心とした生業の営みによって生活を維持してきた。それゆえ、こうした労働の贈与、互酬、再分配こそがムラ的有機体の血流をなす装置にほかならない。その機能が実現した時にムラ的「共同体」もまた成立する。

　マツリは、この「共同体」の維持、強化といった社会的機能をめざして定期的に執り行われた。というのも、そこでの経済は「定常経済」であり、その時間的特徴は「反復」にある。年を追うごとにムラの規模や生産規模が不安定に変動することはムラの危機以外の何物でもない。さらに、ハレにおける「コミュニオン」をケにおいて再生、再現することが、その社会的機能の中心である以上、ハレとケは同じムラ人たちに共有されなければならない。つまり、そこは定住を前提とすることになる。

　そして、マツリによって再生＝再活性化された「贈与」の精神がケの世界に満ちるなら、生業も、ムラの生活全般も滞りなく営まれることになる。それゆえ、ムラの生活の自給的再生産を保証する諸機関、つまり、生業としての農業組織における活動＝生産活動、そこで費やされた労働の再生産＝家族生活における食事、休養など、そして、労働力の養成＝イチニンの養成としての「若者宿」など、がムラ内部で緊密に連動しつつ、それぞれの機関内部における「贈与」の精神の涵養、その規範化がなされなければならない。それは心情的には「恩」と「義理」といった互酬感情を身に着けることにほかならない。

さらに、生活全般がこうしたムラ的共同によって営まれていることが前提となって、近代化以降に移入されてきたモジュールとしての「企業」や「学校」もまた、ムラ的共同体のモデルに近似させることによって、大人にも子どもたちにも馴染みやすく、参加するのに抵抗の無い機関として受け入れられてきた。

むろん、この戦前の共同体的な営みが、ムラ人すべてにとって、快適なものであったということはできない。むしろ、その共同は、生産性の低さゆえに強いられた共同性であるということが出来よう。だから、戦後になって、人々は都市部に向かってムラから出てゆくことになるが、都会における生活は、かつてのムラ人たちにとって、開放感に満ちたものとして、大いに歓迎されるものであったと言える。だが、砂漠のような都会での人間関係にも、人々はムラ的な互酬と共同を求めた。戦後間もなくは、都市生活者の生活自体がまだまだ貧困を極めるものであったからである。いずれにせよ、こうした戦前のムラ的関係が、戦後の都市的生活の出発点に位置するものであったことは確かである。そして、戦後の大量生産・大量消費を前提とした高度成長期とその後の時代に対して、見田が提示した「理想の時代」、「夢の時代」、「虚構の時代」と対照的な生活のための生産と消費のこの時代を「生存の時代」と名づけることにしよう。「生活」という以上に生存するのにめいっぱいな貧農の世界だったからである。その位相は（図一－二）の通りである。以上が、戦前における日本社会の原像であり、それはまた、それ以前の近世あるいは、そのはるか以前からの社会のあり方を継承してきたものであり、むろんその間多くの変動を経て存続してきたものである。だが、それは確実に戦後日本の前提をなした「社会」のかたちであることは間違いない。そのいわば原点を失ってきたのが、戦後の歴史なのであり、その原点への参照なしの戦後日本論の陥穽はここに起因している。ここでは、あくまで戦後の日本社会の直接的な前提となりつつ、そこから未曾有の変革を遂げて今日に至った社会のあり方を相対化すべく、現代社会論の枠組みの一環として再構成を試みたものである。

＊なお、（図一－二）以下の横軸（定常－成長）における「定常」には、戦前の圧倒的多数を占める貧農の経済状態である「準定常」と、九〇年代以降の完全にはゼロ成長ではないが、ほぼ近似した今日の日本経済の「準定常」経済を含む包括的な意味を持たせていることに注意してほしい。

第二章

夢追う企業社会

新幹線通勤の風景

写真提供：時事通信フォト

第一節　ムラの変貌

産業構造の変化

戦後、ＧＨＱによる農地改革は、大土地所有を一ヘクタール以下に抑え、不在地主の土地を強制収容し、独立自営農民を増やした。これによって、戦前まで農民の半数をなしていた小作人の多くは自作農へと移行した。だが、日本の農家の家族零細経営は維持され、低い生産性は変わらず、都市部の労働者や勤め人との所得格差は大きなものであった。

こうした中、日本の産業構造は高度成長期に激変する。就業者全体のうち、第一次産業人口は一九五五年で四一パーセント、六〇年で三二・六パーセント、六五年で二四・六パーセントと激減し、そのうち農業人口は、五五年一四八九万人から六五年一〇八六万人、七〇年九二七万人と一五年間で五六二万人減少した。この間、農村から都市への人口移動と、農業から他産業への労働力移動が生じている。その内容は、高度成長期とその後とでは様相が変わる。高度成長期には、農家の長男は親の生業である農業を引き継ぎながら、兼業化を進めることで、所得の上昇をめざした。そして、農家の次三男を中心として、都市部に移動した部分は農業以外の他産業に職を得た。成長期には農家数はさほど減らず、農家世帯員の数が激減しているのはそうした理由からである。高度成長期以後になると、農家数自体が減少し、都市部におけるオイルショック後の不況のため、農家世帯員の多くは自県内に就業する率が高まっている。そこでは、離農が進みつつ、他産業への移動が同県内で生じたのである。

農業の変化

いずれにせよ、こうしたムラ内部の動きは農業と他産業との所得格差に起因していることは間違いない。一九六四年の時点で、二ヘクタール以上の上層農家でさえ、サラリーマンの並みの所得以下であり、そこから、都市部への出稼ぎや兼業化が進行した。その当時、出稼ぎの賃金については「新幹線のトンネル工事で働く人は一日に米一俵分稼ぐ」という話に村人たちは浮足立ったという。また、兼業化が進み、農家所得のうち農業所得の占める割合は六〇年代前半では五割ほどだったものが、七〇年代には三割になっている。そうしたことを通じて、世帯員一人あたりの所得では、七〇年代初めには農家世帯と勤労者世帯はほぼ並ぶことになる。

こうした人々の就労の変化は、言うまでもなく農業労働自体の変化を伴っていた。それは農業の機械化、化学肥料・農薬の普及による。これらによって、必要労働量は急減し、家族総出の農繁期の農作業の必要はなくなった。また、土地改良投資のおかげで、雨の多少によって水の確保が左右されるという状況も解消され、農作業の時期も自然条件による制約から解放された。こうした条件に支えられて、いわゆる「三ちゃん農業」（じいちゃん、ばあちゃん、かあちゃんによる農業経営）が可能になった。

こうした兼業化の進行と農家所得の上昇は、六〇年代を中心に、さまざまな家電製品（テレビ、洗濯機、冷蔵庫など）が都市部なみに普及し、住居も改善され、かつての囲炉裏のある家はなくなり、都市部の住居と変わらないものになってきた。だが、その一方では、かつての専業農家中心であるが故のさまざまな相互扶助組織（ユイ、モヤイなど）は機能しなくなり、伝統的な行事や祭りもまた、人々の生活時間のズレなどから失われる方向に向かった。

第二節　企業社会化

復興から成長へ

戦後復興を可能にした第一の要因としては、鉄鋼と石炭の生産拡大を緊急の課題とする「傾斜生産方式」の取り入れであり、そこにアメリカによる経済援助策としてドッジラインと呼ばれたＧＨＱ経済顧問ドッジ全使のデフレ政策の導入を加えることができる。だが、直接のきっかけとなったのは、一九五〇年に勃発した朝鮮戦争による特需であった。これが復興経済を可能にしただけではなく、その後の高度経済成長の引き金にもなったのである。

一九五六年の「経済白書」では、その結語で有名なフレーズ「もはや戦後ではない」と宣言さ

表 2-1 就業者数に占める産業別構成割合：1950 ～ 2000 年

（単位：%）

産業	1950 年（昭和 25）	1960 年（昭和 35）	1970 年（昭和 45）	1980 年（昭和 55）	1990 年（平成 2）	2000 年（平成 12）
総数	100.0	100.0	100.0	100.0	100.0	100.0
第一次産業	48.5	32.7	19.3	10.9	7.1	5.0
農業	45.4	30.1	17.9	9.8	6.4	4.5
林業	1.2	1.0	0.4	0.3	0.2	0.1
漁業	1.9	1.5	1.0	0.8	0.6	0.4
第二次産業	21.8	29.1	34.0	33.6	33.3	29.5
鉱業	1.6	1.2	0.4	0.2	0.1	0.1
建設業	4.3	6.1	7.5	9.6	9.5	10.0
製造業	15.8	21.7	26.1	23.7	23.7	19.4
第三次産業	29.6	38.2	46.6	55.4	59.0	64.3
電気･ガス･熱供給･水道業	0.6	0.5	0.6	0.6	0.5	0.6
運輸・通信業	4.4	5.0	6.2	6.3	6.0	6.2
卸売･小売･飲食店	11.1	15.8	19.3	22.8	22.4	22.7
金融・保険業	1.0	1.6	2.1	2.8	3.2	2.8
不動産業	0.0	0.2	0.5	0.8	1.1	1.2
サービス業	9.2	12.0	14.6	18.5	22.5	27.4
公務（他に分類されないもの）	3.3	3.0	3.3	3.6	3.3	3.4

資料出所：総務省統計局「国勢調査」

橘木（ 2015）：p.35 より

れた。そこから、日本経済は神武景気、いざなぎ景気が出現し、工業化に向けた地域開発が進められ、都市化に伴う都市部の過密化と、これに並行した農村部の過疎化が急激に進行する。さらに、六〇年一二月の池田内閣の下で閣議決定された「国民所得倍増計画」では、一〇年間で日本の国民総生産を二倍にすることが目標とされ、それは想定された成長率を上回る結果を生み、六二年には「全国総合開発計画」を、六九年に「新全国総合開発計画」を順次策定し、高度成長を方向付けることになった。だが、そうした開発によって、いわゆる太平洋ベルト地帯への産業と人口の集積と過密化を生み出し、地方の過疎化を促進するいびつな発展を生み出しもした。その後の七七年の「第三次全国開発計画」以降は、そうした歪みの是正が計画の柱にならざるをえなくなった。そして、高度成長の展開は戦後日本の産業構造を根本的に組み替えることになる（表二―一）。

こうした高度成長の実態は、GNPの増大、国民一人当たり所得の増大といった経済的豊かさの実現をベースに、完全雇用状態を生み出し、雇用の安定から、人びとは生涯設計を実現することが可能になった。そして、それは子弟の高学歴化を生み出し、子どもたちは将来的に親以上の生活の豊かさを保証されることになる。さらに、この都市部のホワイトカラー層を中心とした構図から除外された農民については米価の価格支持政策がとられ、自営業者には所得税優遇措置がとられた。ホワイトカラーとブルーカラーの身分差解消は個々の企業内で進み、都市部と農村部の生活様式の均質化も進んだ。これらの豊かさを前提とした生活の均質化から「一億総中流」意識が帰結するのは当然の事態であった。

また、この高度成長を担った若者が生まれたのは、一九三〇～四〇年代であり、多産多死から少産少死への人口転換の途上にあり、多産少死の状態の中で生まれている。それゆえ、この世代は兄弟数が多く、三〇年代生まれで五・七人、四〇年代生まれで四・五人である。いわゆる「団塊の世代」（四七〜四九年生まれ）がここに属している。その多くが都市部に流入して、企業の従業員となり、毎年一〇パーセント程度の給料の増加の中で、二〇歳代で結婚して、平均して二人の子どもを産み、「核家族」を構成し、サラリーマンの夫と専業主婦の妻と二人の子どもからなる家庭を築いてゆく。

この高度成長を可能にしたメカニズムは、企業における設備投資の拡大による企業活動の活性化、そして、そのことがさらなる投資を生み出すといった、「投資が投資をよぶ」経済的循環にある。投資の拡大が関連産業の投資拡大を進めるといった構造が高度成長期に連鎖的に継続されたのである。これは企業活動が高度成長の主役になったということであり、日本社会全体が企業の活動を中心とした構造へと編成替えを進めることになる。すでに見てきたように、戦前までの日本社会は、「ムラ社会」として特徴づけることが可能な編成をなしていたが、戦後の高度成長は、いわゆる「企業社会」という、独特の社会構造を生み出すことになった。だが、この戦後の社会は、人々の社会関係のあり方から、企業内の関係、家庭や学校内の関係のあり方まで、「ムラ社会」的モデルを埋め込むことによって、成立してきた。そのことを、以下では明らかにする。

日本的経営

いわゆる「日本的経営」の萌芽が、戦前、一九三〇年代後半以降の企画院官僚を中心とした急進的新体制派によって準戦時体制下において進められてきたことを先に見てきたが、その全面的開花、成立と成熟は戦後の高度成長期に実現した。その日本的経営の「三種の神器」とされるのが、「年功賃金」「終身雇用」「企業別組合」である。それぞれについて、以下、見てゆく。

年功賃金のしくみ

戦後における「日本的経営」の出発点となった、年功賃金の成立と普及にとって、その端緒となったのは、「日本電機産業労働組合協議会」（「電産協」）が提示した画期的な賃金体系と言われる。その基礎的な賃金部分は「生活保障給」「能力給」「勤続給」から構成されており、「生活保障給」の部分が全体の八割を占めていて、従業員本人の年齢と家族員数によって算定されている。そのことから、これは「生活給」とされ、本人一人の稼ぎで、家族全員の生活を保障するという「家族給」ともされる賃金体系である。ただ、この組合側が提示した体系を経営側がそのまま引き受けたわけではなく、そこに一定の修正を加えたものが今日一般に「年功型賃金」と呼ばれるものの原型となっている。

ところで、この年功賃金のみならず、日本企業の組織特性を「講」であると規定する議論がある。吉田和男は、講の特徴である、構成員間の平等、義務の平等、参加の自発性、業務の世話役の輪番制などは、日本企業の経営者を含む従業員の間の平等、役員の年功的輪番制などと一致すると指摘する。また、作業も自発的な共同作業となっており、欧米の企業のように「分業」が明確で、個々人の貢献度に応じて賃金を分配するシステムとは異なっているとする（吉田 1996: pp.130-133）。

「講」では共同作業がなされ、個々の作業員がそれぞれ生産に貢献した分を正確に算定することは不可能である。むろん、共同作業ではあるが、ある職務に関して、援助を提供した側とされた側の「貸し、借り」は存在する。だからといって、それをトータルに算定することなど不可能である。さらに、そうした共同作業であることから、個々の分業の総計よりも生産性が上昇したとしても、それをどこに帰属させればよいか難しい。そこで、賃金は大雑把にいえば、すべて平等に分配する「山分け」ということになる。ただし、そこに年功による傾斜をつけるというルールを適用しておくなら、そして、それが年齢の上昇に伴う生活費の上昇を反映させたものであるなら、だれも異議を唱えることはなく、むしろ全体のために努力することになる。全体のパイが増えれば、自分の取り分も増えることになるからである。

日本企業がこのようなものであるとするなら、これを欧米の企業のようなゲゼルシャフトということはできない。まさに「運命共同体」であり、ゲマインシャフトと言わざるをえない。さらに言うなら、まさに「ムラ共同体」をモデルにした「会社共同体」なのである。吉田によれば、日本企業は「経済講」なのであって、従業員の教育や人格形成、娯楽やつきあい、運動会、飲み会など、ムラがその成員を独自に教育し、しつけ、イチニンに仕立て上げ、さまざまな催しによって、相互の人格的な関係を維持、強化するのと変わらない組織なのである。そこでは、雇用関係は経済的取引なのではなく、ムラの構成員として認められることであり、賃金は個人の企業への貢献度に応じた「労働力商品」の対価なのではなく、ムラの維持、存続、さらに成長に全員で関わったことに対する生活保障であるという観念が生まれる。

企業を「講」とみなすなら、企業の収益はいったん中央（親）に集積され、そこから一定のルールに従って従業員全員に配分されることになる。まさしく、この「山分け」とは「再分配」に相当する。だが、これを年功に従って受け取る個人の視点から見るなら、若者は本来受け取るべき給料の一部を、中高年に「贈与」していることになる。そして、今度は自分が中高年になった時に、より若い層から「贈与」してもらう側に立つことになる。そこには世代間の「互酬」が成り立っていると考えることができる。企業は年功に応じて、若者が結婚し、子どもが生まれて、学校へ通い、子ども部屋のある戸建やマンションを長期のローンを組んで支払うといった生涯の生活資金を、生活費用の推移に対応させながら、年功に応じて「生活給」として支払うことになる。しかも、定年まで勤めて、退職金を支払ってもらい、老後の生活費の保証もしてくれる。その点で、従業員はこうした企業を「運命共同体」とみなし、自分の生涯を会社の維持と成長のために捧げ、共同体全体の恩を自覚し、生涯にわたって忠誠を尽くすということになる。その意味で、これは相互の贈与関係によって構成されたかつての「ムラ共同体」と同様の共同体的組織であるということができる。

ちなみに、文化人類学では「会社縁」をより一般化した「社縁」概念が一九六〇年代初頭に米山俊直によって提起された。高度成長時代に希薄化しつつあった地縁、血縁に代わって社縁が台頭してきたことが背景にある。そして、この社縁のルーツは江戸時代の組、講、連に求められるとする議論もある（中牧 2006: pp.38-39）。日本の会社組織が「ムラ」的共同体を擬制していることは、経営人類学の蓄積（企業独自の神社が本社ビルの屋上にあるとか、創業者を祀る墓碑の存在と、創業祭、また社墳など）からも明らかである。松下幸之助が「会社は預かりものである」と称したとされるが、これは「ムラ」のあり方に模した言い方でもある。つまり、現役の従業員は、先祖＝創業者からムラを預かって、それを子孫へと継承すべき義務を負っているというわけである。だから、「ムラ」は誰のものでもなく、「預かりもの」であり、その意味で「みなのもの」であるという観念が生まれる。そこから、社員が一体となって、会社の発展のために尽くすことこそが、ついては自分たちのためでもあるといった考えが一般化する。

終身雇用

年功賃金が、若者世代による中高年世代への贈与といった、世代間の「互酬性」を原理とするなら、途中で会社を辞めるということは、いわば元を取れないことを意味する。そこで、しっかり元を取って定年まで勤め上げることが可能となる制度的保障が必要となる。それが「終身雇用制度」である。

そして、こうした会社と従業員との運命共同体的関係を安定的なものにするためには、大量の若年労働力を毎年採用することが不可欠である。これを可能にしたのが、一九五〇年代末に定着する「新卒の大量採用」である。これによって、企業の人口ピラミッドの底辺が拡大し、大量の若手従業員の「低賃金」による「資金調達効果」が発揮されることになる。六〇年代の本格的な高度成長の背景にはこうした一面が存在していたのである。

また、日本の企業の人材採用は、よく言われるように「就職」ではなく、「就社」であり、企業のメンバーとして採用され、そのメンバーシップからの離脱が「定年」、退職ということになる。その間の雇用を一般に「終身雇用」と呼ぶわけである。そして、雇用されている間は「会社共同体」の「社縁」という地縁、血縁にも似た選択の余地のない共同体的絆に固く拘束されることになる。いわば結婚制度に似た関係を取り結ぶことになる。

だが、二〇歳で就職して、六〇歳定年の時代には、この新入社員が四〇歳になると、「互酬性」の「与え手」が「受け手」に転換することになる。高度成長が五五年から始まるとして、それがほぼ七〇年代半ばにあたる。つまり、オイルショックがなかったにしても、人口的趨勢からして、七〇年代半ば以降は人件費という点で日本の企業は大きな課題を必然的に抱える運命にあったといえる。

企業別組合

戦時中にほとんど解体されてしまった労働組合であったが、一九四〇年に「大日本産業報国会」が結成され、これが企業別組合の原型となったといわれる。欧米では一般的に職務毎の雇用契約なので、同一職務、同一賃金が可能であり、個別企業と産業別組合の利害は一致するとは限らないため、組合運動もかなり過激化することになる。ところが、日本では、企業のメンバーシップとしての採用と、その後の年功賃金の体制のため、どうしても企業毎の組合が必要になってくる。そうなると、企業の倒産は組合の解体でもあり、従業員の解雇でもあるということになり、この会社共同体の中では会社と組合と従業員の利害は一致することになる。ここから、「会社本位主義」が生まれるのは必然である。戦後まもなく、労働組合によって「職場防衛闘争」が展開されたが、この点でも、会社、組合、従業員の利害は一致しており、それは「闘争」というより、「会社本位主義」への水路づけの役割を果たす一面を有するものであった。

系列その他

さらに、日本の企業の特徴をあげるなら、その「共同体」的特性がより明確になる。その一つが「系列」の存在である。

日本の大企業の多くは、その事業の多くを外部化し、外部の下請け企業に任せている。ちなみに、一九八八年時点でＧＭの生産台数五一五万台、従業員数七五万人に対して、トヨタは、生産台数三九七万台、従業員数六万五〇〇〇人である。大企業が外部の中小企業を系列化するだけではなく、大企業の既存部門を子会社や関係会社として会社化し、系列化することも行われ、これを一般に企業系列という。そして、この親会社と系列会社との取引関係も、企業と従業員、そして組合の間の「運命共同体」関係と同様、相互の利害の一致を前提としたうえでの「貸し、借り」「恩、義理」を含んだ長期的な信頼関係を築き上げるものであった。つまり、企業はその内部の共同体的関係を、系列企業という外部にまで拡張してきたことになる。それこそが、取引の長期的安定を確保する道であったからである。

さらに、日本企業のもう一つの特徴は、戦前における「日本的経営」の萌芽といえる三〇年代後半の急進的新体制派と呼ばれる企画院官僚らによる自由主義的企業経営に対する経営体制の提示の継承にある。すなわち、「私的営利目的」の是正のために、株主個人の利益を優先させる体制を否定する立場である。そこで唱えられた戦時体制下の公益優先が、戦後の復興経済という公益に引き継がれたことになる。これが、企業は私的利益を追求し、それゆえ株主支配を認めるのは当然であるとする欧米企業との大きな違いである。戦後日本では復興経済という公益をめざすべく、個々の株主の力を最大限そぎ落とす方策がとられた。これが、先に見た「預かりもの」としての企業観を生み出す背景でもある。「預かりもの」であるがゆえに、だれのものでもなく、「みんなのもの」であるという企業観は、企業を筆頭株主や経営者個人の「所有物」であるとする欧米流の考え方とは対立する。

そうした流れを象徴するのが、いわゆる企業の株を相互に持ち合うというやり方であり、そのことによって、企業相互の利害は一致し、長期的に安定した取引関係が可能になる。もっとも、これは、一九六四年の日本のＯＥＣＤ（経済協力開発機構）への加盟によって、資本取引の自由化の中で、外国資本の日本企業株の買い占め、乗っ取り（いわゆるＴ・Ｏ・Ｂ）に対する対抗策としてトヨタが先陣を切って安定株主工作に乗り出したことがきっかけとなっている。この外国資本という外敵の出現に対しては、経営者、従業員、組合も一丸となって、「城」を守りぬく、といった「会社本位主義」が臆面もなく本性をさらけ出したことになる。

こうして、日本企業に勤める被雇用者は、企業に対して、固有の職務能力を労働力商品として、売買するといった労働契約を締結するわけではなく、その企業の一員として就社するというに過ぎない。というのも、生産活動のほとんどは、チームで行われ、それぞれの役割分担は区別不能であり、したがって、賃金も一人ひとりの貢献度を算定できない以上、個々の労働力商品の対価というわけにもいかない。そこで、一定期間における全体の利潤を被雇用者全体で分配する「山分け」という「講」のシステムに習うほかないことになる。これはこれで分かりのいいやり方であり、年功的な傾斜を付けて、生活給に対応させて、あとは、全体のパイを拡大させるなら、配分も増えることになるから、労働の動機づけにもなる。日本企業が、生産効率より、売り上げを重視しがちであるというのも、この点に由来している。これはどう見ても、ムラ全体の生産性を拡大しようとする方式と変わらない。そして、そう考えるなら、この方式はあらゆる従業員に容易に理解可能なやり方である。というのも、この時代の従業員のほとんどは、ムラ出身者だからである。こうして、日本の企業と従業員は、欧米のように、企業と従業員個々人の間の「雇用契約」による結びつきではなく、ムラとその正規のムラ人との「帰属関係」に似た結びつきになる。いずれにせよ、日本では、近代初期の欧米型の労使関係の導入以来、たえざる労使間の葛藤が続いてきたが、それを労使一体化の経営方針に切り替えることによって、日本的経営モデルを導入することになり、「共同体的」企業体制を樹立することに成功したことになる。日本社会のムラ的編成が功を奏したわけである。

第三節　近代家族

核家族の拡大

すでに触れてきたように、戦後、多くの農家の次三男を中心とした人口が都市部に流入した。非農林被雇用者は一九五〇年、三〇〇〇万人で全被雇用者中二一・三パーセントであったが、一九九五年には二〇三四万人、七七・八パーセントに達している。そして、農業従事者が減少する過程は、同時に専業主婦化が進行する過程でもあり、専業主婦は一挙に増大した。女性のパート就労率は一九七五年を底辺に、四五パーセントまで下がる。つまり、主婦の半数はほぼ完全な専業主婦であることになる。だが、オイルショック後の景気後退の中で、パート就労率は徐々に増加する。また、出生率も一九七四年以降下がり始める。景気後退と、主婦のパート就労がこの場合の直接的な引き金であろう。

こうして高度成長期には典型的な核家族世帯が拡大し、「夫婦と子ども」の世帯をみると、一九五五年の約七五〇万世帯から、一九八〇年の一五〇〇万世帯へと、ほぼ倍増している。そして、成人男性＝夫は都市部の会社で生産活動に従事し、郊外の住宅に残された成人女性＝妻は子育てと家事労働を介して消費活動に従事するといった役割分担の固定化が生じる。この生産活動と消費活動の役割分担は、そのまま市場の生産部門と消費部門への振り分けという形で市場経済に組み込まれ、国民経済の基礎単位を構成することになる。それゆえ、このような「核家族」は、国の「標準世帯」として福祉国家の基礎単位としても位置付けられることになる。

そして、この核家族にとっての最も高価な消費対象が「マイホーム」であり、それは一九五一年に設立された住宅金融公庫の融資制度、そして企業が従業員の福利厚生の一環とした住宅取得貸付制度の導入によって、一気に火がついた。そして、ピークとなったのが、団塊世代の女性が結婚、出産期に入った七〇年代前半で、いわゆる「ニューファミリー」化の時代である。その「マイホーム」の多くは首都圏で言えば東京都周辺の三県の郊外に建てられ、そこでの世帯数は東京都を上回っている。

成長する家族

この高度成長期の家族の特徴について、家族社会学者の山田は、これを「成長性」と「生きがい」にあると指摘している。第一の「成長性」とは、経済的な成長だけではなく、感情的な豊かさの増大も含まれる。いうまでもなく、経済的な窮乏状態であれば、家族間の情緒的な愛情表現などの余裕もないであろう。一定の経済的なゆとりがあって初めて情緒生活も満足できる状態をめざすことが可能になる。そして、そこから、子どもが親よりも豊かな生活を実現できるような方策＝高学歴化をめざす余裕も生まれてくる。

そして、第二の「生きがい」とは、個々の家族員にとっての「生きがい」としての「家族」ということである。家族全体の繁栄のためにそれぞれの家族員が励み、夫は家族のために懸命に働き、妻は夫と子どものために家事労働と育児に励み、子どもはそうした親の期待に応えるべく勉学に励むというわけである。そして、こうした生きがいとしての家族の中で、家族員のそれぞれは自分が家族にとって「かけがえのない」存在であるというアイデンティティを獲得することになる。そこから「マイホーム主義」「私生活主義」といった戦後の標準的な価値観が生み出されてきた（山田 2005: pp. 119–121）ことになる。

そして、現実的にも、第一の「成長性」という点では、高度成長期にかけて実質経済成長率は年率一〇パーセント近い状態が続き、一〇年のうちに生活水準が倍増した。世帯収入の増加、社会資本の整備、ＴＶを中心とした家電製品の購入などが増加し、一九六五年には九〇パーセントの人が自分を「中流」と意識するに至る。こうした家族の「中流化」の趨勢に関して、一九五四年に始まる、いわゆる「新生活運動」の効果に注目しておく必要がある。これは大企業を中心とした都市部の家族向けの運動で、労働者家族の教化、指導を目的としたものである。主に主婦層を対象に「家庭の円満」や「生活の計画化」をテーマに、料理、裁縫、貯蓄、家族計画、育児、受胎調整にわたる内容となっている。この教化を通じて、労働者は「下層社会」からの離脱と、ホワイトカラー層と同等の「近代家族」の実現という「夢」をめざすことが可能になる。良質な労働者育成の一環としてなされた「教化」策であった。これらを通じて、労働者とその家族はいわゆる「ホワイトカラー」と同等の経済のみならず、ライフスタイル、教養の底上げによって、自らを「中流」とみなすことが可能となった。

第二の「生きがい」という点でも、初婚年齢、未婚率、子ども数とも安定して推移している。一九五五年から七三年まで、初婚年齢は男性二七歳、女性二四歳前後で安定し、生涯未婚率（五〇歳時点で未婚）も男女ともに一～五パーセントと低く推移し、二〇代で結婚し、子どもを産み育て、家庭生活を営むことが生き方の基本であると考えられてきた。

家族の二重構造

第一章で見てきたように、明治民法における実態としての「イエ」の解体と、理念としての「イエ」の強化は、戦前までの農家の「イエ」において体現されてきた。そこでは長子相続による系譜性の維持を家族全体の使命とみなし、次三男はいわば「分家」という形で自立をめざし、親と長男夫婦と子どもからなる、直系家族を構成する「本家」を中心にすべてが営まれた。

戦後になると、農家の次三男を中心として、多くの若手の人口が都市部へと流出するが、自分たちはその都市部で新たな核家族＝近代家族を作り出す、という意識は薄かったように思われる。むしろ、自分たちは「分家」として、都市部に居住しつつ、新たな「イエ」の創設者となって初めて故郷に錦を飾って帰ることができるという意識が濃厚であった。

そこから、戦後の高度成長期の間、農村部から流入してきた多くの若者は、都市部において実体としての「核家族」を営みつつ、自身は地方の親と長男夫婦らの「本家」から分かれ、今なお自身の「イエ」の創設に至っていない「分家」途上の地位に位置づけ、なお親が生存中は、直系家族の「本家」の一員という「理念」上の「イエ」に拘泥されていた。

こうした二重性を落合は、一九七五年ころまでの「家／近代家族」の二重構造、七五年以降の「近代家族／個人」の二重構造と名付けている（落合 1996: p.44）。同様に、西川は住居の構造に注目して、それぞれ「家／家庭」制度の二重性、「家庭／部屋」制度の二重性と名付けている（西川 1996: p.81以下）。それらは、囲炉裏のある家、ちゃぶ台のある家、テーブルのある家といった住居の進化に対応した家族意識の変遷を反映している。

そもそも、次三男が親元を離れ、都市に働きに出るということは、江戸時代以来の直系家族ではよく見られた行動であった。とするなら、一九七〇年代半ばまでは、次三男にとっても、直系家族としての家族観は理念としてであれ、生き残りつづけたとしても不思議ではない。実際、高度成長期までは、盆暮れには都市部に出ていた農家の次三男は、家族ぐるみで実家＝本家に里帰りして、先祖の墓参りを欠かすことはなかった。それが変化するのは、実家の両親が亡くなり、実家が長男夫婦たちの家庭になった時点であり、この七〇年代半ば以降には、それまでの茅葺と囲炉裏のある住居も様変わりし、国道沿いに近い土地に、都市型の住居を新築して移転する動きが農村地帯に広くみられるようになった時点とも重なり合っていた。そうなると、両親はいなくなり、長男の家は、都市部に出てきた次三男の家と変わらぬ「核家族」の入ったハコでしかない。ここに、理念としての「イエ」は消滅したといえる。

専業主婦の大衆化

高度成長の過程で、それまで主婦といえば「農家の嫁」か「自営業のおかみさん」が主流であった時代から、夫が勤め人で、妻が主婦という形に変わってきた。戦前、大正時代にごく一部の富裕層の間に生まれた、「サラリーマンの奥さん」という新しい専業主婦というカテゴリーが、今や大衆的な規模で拡大したのである。

戦前までの農家の嫁の労働については、すでに触れてきたが、自営業のおかみさんの仕事も、それに負けないくらい多忙を極めていた。いずれも、職住一致しているので、主婦は家業にも精を出すことが期待されており、その上に、家事、子育てを一手に負うことになる。むろん、夫は仕事の上では総責任者であり、イエの外部のテツダイや寄合などは主として夫の任務であった。子どもも一定の年齢になると、家業の手伝いをするのは当たり前であり、一家総出で様々な仕事をこなさなくてはならなかった。その際、誰のどの労働が、対価を「支払われる」労働か、「支払われない」労働か、の線引きをすることは不可能であった。家業と家事、子育てや年寄りの介護などの労働は切れ目なく連続していた。その意味で、品田がいうように、戦前までのそうした家族は「労働を贈与交換する場」であったといえる。

ところが、高度成長の過程で、郊外に住む勤め人の夫は、都心の会社へと通勤し、子どももバスや電車で都心方面の学校へ通学し、妻のみが昼間、郊外の住宅に取り残され、純粋な家事労働にいそしむという形が生まれた。ここで初めて「市場化されない労働」としての「家事労働」が、それまでの切れ目のない家業から抽出されてくることになった。

そして、この対価なき「家事労働」を正当化するためのイデオロギーこそ、「生きがいとしての家族」という価値観にほかならない。夫は外で生活費を稼ぎ、妻は内で家事労働と子育てに励むことで、互いに家族愛を表現し、理解されていると思い込んできたのである。この「家族のため」とりわけ「子どものため」の愛情表現としての自己犠牲的な献身が、結果的に高度成長を表だって担う夫の労働であり、夫が仕事に専念できるよう、家内の一切を担う妻の家事労働にほかならない。高度成長期に完成をみる「日本的経営」は、年功賃金と終身雇用によって保障される「生活給」によって、男性を企業に囲い込むことに成功するが、その男性の消費された労働力を効率よく再生産するだけではなく、次世代の労働力の育成（子育て）にも専念する役割の女性を家庭内に縛り付けることによって、それは可能になる。この企業社会のシステムの要請の重要な担い手こそ「専業主婦」にほかならない。したがって、「生きがいとしての家族」像が、高度成長を正当化するイデオロギーであり、システムの要請であることは明白である。にもかかわらず、この価値観を内面化した家族は相互に愛情の互酬関係をそこに見出すことで各々のアイデンティティ

（家族にとってかけがえのない自分）を確証することにもなる。

親子関係のゆくえ

ここで、こうした親と子どもとの間に「してもらう」側と「してあげる」側との関係が成立する。ところが、戦前のように、平均寿命が短い時代では、親に「してもらう」期間も短く、お返しに親に「してあげる」期間も短い。そこで、親に「してもらった」分を、親ではなく、自分の子どもに「してあげる」といった下方の世代間に互酬性が働くことになる。だが、高度成長期に平均寿命が延び続けることになると、親に「してもらう」期間も、親に「してあげる」期間も伸びることになる。そこで、子どもは親に「してもらった」分を、親が存命中に十分「してあげる」ことが可能になり、本人同士の間の互酬性が実現することになる。あとは、どれだけのことを「してもらった」か、それに対してどれほどのお返しを「してあげる」かは、その時々の状況次第ということになる（宮本ほか 1997: pp.142-143）。戦前のように、親子間の「恩」と「義理」に関する規範的な観念が社会（ムラ）全体に共有され、それが監視される時代ではなくなり、その時々の状況によって互酬性の内容にばらつきが生じてきたといえる。老親を自宅で介護する道を選ぶか、それとも、施設に入ってもらって、時々訪問するか、の選択は、世間（親戚筋）からどのように評価されるかを気にしつつも、その子ども世代の生活状況によってさまざまでありうる。

ところが、高度成長期を担った団塊の世代以降の世代になると、自分たちの親から「してもらった」分を親に対しては、お返しをするため、親の面倒は見なければならない、と考えており、そのような恩返しをするが、自分の老後には、自分の子どもの世話にはなりたくない、と思うようになってくる。つまり、自分のほうから互酬性を打ち切ってしまうことになる。これをサンドイッチ・ゼネレーションというが、なにがサンドイッチかというと、自分の子どもに対しては多大な教育投資をしつつ、自分の親の介護にも向き合わざるをえなくなった世代ということである。それこそ、時代の状況によって、このようなサンドイッチ状態に置かれたわけである（教育費の高騰と、高学歴社会の出現、それと平均寿命の飛躍的な伸び）。そして、そうした「してあげる」ことが十分可能な時代（つまり、高度成長期）が、自分の代で終わってしまったという意識が、自分の子どもの世話にはなりたくない、子どもには迷惑をかけたくないという意識を生み出したといえる。高度成長期に親子関係を築いた世代は、高度成長期の終わりとともに、親は老親となり、世話を受ける側になるが、親となった子どもたちは、経済的にも不安定で先の見えない時代となり、自分たちの家族を守ることが精いっぱいの状況になってしまった。この転換点がおそらく八〇年代であり、その段階で、団塊世代の年功賃金の転換点（つまり、団塊世代が四〇歳代に差し掛かり、それまで低賃金で貢献してきた分を取り戻す時点になった）が始まったのであった。だが、団塊世代はこの時期を何とか乗り切って、二〇〇〇年代に定年を迎え始めることになるが、そのしわ寄せはより若い世代、とりわけ高校、大学新卒世代に向けられ、「就職氷河期」に直面することになる。いずれにせよ、高度成長期の終焉は、企業における「日本的経営」にとっても大きな危機を迎えることになり、その余波は企業内にとどまらず、企業社会化した社会の諸領域に直接的な打撃となって現れ始めるのである。家族間の互酬の関係にもその影響を及ぼすことになったのである。

第四節　競争の教育

ガキ大将が消えた

高度成長は子どもの世界も変えた。一九六〇年代半ばくらいまでは、東京の下町の路上では、いわゆるガキ大将を中心とした異年齢の子どもたちの集団が大きな歓声を上げて縦横に走り回っていた。今から思えば、かなり危険な遊びもしていた。割り箸を重ねてアルミの洗濯バサミを固定して、先端から数本の輪ゴムで固いボール紙を玉代わりにはじく「鉄砲遊び」だ。輪ゴムの本数やボール紙の材質いかんでは、へたに目に当たれば失明するくらいの威力があった。幸いなことに、そうした事故は自分の周辺にはなかったが、今なら、即座に禁止されるであろう。家のすぐ裏手が保健所になっていて、コンクリートの塀に囲まれて、一応「立ち入り禁止」になっていたが、雑草が生い茂り、そこら辺を穿り返すと様々な医療器具、注射器や薬瓶など、が埋まっている。さすがに子どもたちも危険な気配を感じて、それで遊ぶことはなかったが、職員の目を盗んでは入り込んだものであった。雨の日は、その近くの材木置き場に入り込んで、材木を利用して屋根を作り、そこに入り込んで遊んだ。これまた、ただ重ねられただけの材木を勝手に組み合わせて作るわけだから、いつ崩れてもおかしくはない、極めて危険な行為ではあった。だが、これは子どもたちだけの秘密基地なのであって、誰も親たちに密告することはなかった。そもそも、そのころの親たちは、子どもが家にこもっていることを嫌い、さっさと外に出て遊んで来い、という態度であった。そして、子どもたちが何をしようと、トラブルにでも合わない限りは「われ関せず」の立場をとっていた。だから、子どもたち固有の、大人とは別の世界が成立していた。

また、子どもが親の手伝いをする、させられるのも当たり前のことであった。廊下と階段の拭き掃除は、専ら子どもたちの「仕事」であったし、八百屋に買い物を頼まれることもあった。食事の時間には、折り畳みのちゃぶ台を組み立て、食器を並べるのも子どもたちの「仕事」であった。テレビがまだ普及していない時代でもあり、駅前の広場に設置されたテレビの前に多くの大人たちが集まって歓声を上げていた記憶がある。プロレス中継であったのだろう。

学校は義務だと言われていたし、皆サボることもなく通ってはいたが、成績のことが子どもや大人たちの話題になるようなことはなかった。行っていればよいのだと思っていた。おそらく、みな、そうであったと思う。小学生の低学年のころは、月に二回ほど開催される「縁日」の古本屋にある五円の漫画や月刊誌の付録の子供向けの「読み物」に手が伸びた。高学年になると、貸本屋で漫画や読み物を借りた。白土三平のシリーズもののほとんどはそこで手に入った。中学生になると、なぜか源氏鶏太のサラリーマン小説が面白くて、借りあさった記憶がある。駄菓子屋ではいち早くテレビが導入され、さっそく客寄せに使われた。紙芝居と同じ光景である。「はい、一〇円買った子どもは前に来て、五円しか買わなかった子は後ろだよ。では、スーパーマンの始まり、始まり」という具合である。番組が始まると、部屋の電燈が消される。さながら駄菓子屋の店の奥の「映画館」であった。すでに金がものをいう時代が子どもの世界にも入り込んできたのであった。

とはいうものの、下町だから「牧歌的」という言葉は似合わないが、雑草だらけの自然にも恵まれ、異年齢集団とガキ大将がいて、子ども向けの「労働」もさせられ、駄菓子屋と貸本屋という市場経済との接点もあって、極めてバランスのとれた子ども向けの「共同世界」が存立していたように思う。

それがあれよあれよという間に消えてしまった。六〇年代後半以降であろう。ガキ大将が成立しなくなった。ガキ大将の下に異年齢の子どもたちが集まらなくなったのである。なぜか。みんな忙しくなったのだ。放課後はそれまでは子どもたちの時間であった。それが、一斉に習い事や塾に通いだし、子どもたちは多忙を極めることになった。家庭内の手伝いは、いまやテレビ視聴と勉強に代わられ、放課後の遊びも同学級の子どもと、互いのスケジュールに合わせて行うことになり、次第にスケジュールが合わなくなると、それぞれの家庭内に閉じこもることになる。貸本屋はテレビのアニメに追いやられ、駄菓子屋はそのアニメのスポンサーである大手の製菓会社に追いやられることになった。

こうして、高度成長期に子どもたちの世界は大きく変わっていった。その背景には何があったのか。子どもたちにとっての学校のあり方から見ておこう。

学校の黄金期

戦前までは、就学率の上昇など、一見すると学校文化が一般に普及してきたかに見えるが、農家人口が圧倒的な時代にあっては、ムラに伝統的に伝えられてきた「人間形成原理」（イチニン）は脈々と生き延び、学校、教師の体制に対する抵抗勢力を築いてきた。

これに対して、戦後、五〇年代後半以降の高度成長は、農家の次三男と女子の都市部への大規模な流出、家業から離脱する新規学卒者の急増、さらに農家における兼業化や出稼ぎの増加など、それまでのムラの伝統的秩序そのものを揺るがせかねない事態が生じていた。

さらに、戦間期に大企業から始まった学歴主義的雇用慣行は、高度成長期には中小企業にまで拡大し、同時に学校経由の職業紹介のしくみは新規学卒者の雇用労働者化の増大とともに子どもの進路決定に大きな影響力を持つにいたった。こうして、地域社会の解体と、急激な社会変化にとまどう家族、そして、親世代とは異なって雇用労働者化の途をめざす子ども、いわば「遅れた地域や親」に対して、子どもの将来にとって「進んだ学校・教師」は希望の導き手と映ることになった。まさに学校の「黄金期」の訪れであった。

人材開発

一九六〇年の「国民所得倍増計画」では、経済政策の一環として人的能力の向上が謳われ、教育は経済発展を支える労働力の養成であり、人材開発の手段として明確に位置づけられた（木村2015: p.93)。つまり､学校は高度成長の基礎となる労働力需要に対応する強力な「労働力供給機関」として期待されることになる。団塊の世代が高校を卒業する年が一九六七年で、卒業生一五六万人は前年比二五パーセント増となり、教育人口のその後の流れを規定するものとなる。

まさに学校が果たすべきことは、無知への啓蒙であり、無知ゆえの貧困に対する豊かな生活の実現であった。学校は今や子どもの「よりよい生活」を保証してくれる「ありがたい場所」となり、学歴による上昇移動のチャンスを与えてくれ、進学や就職、しつけに至るまで世話をしてくれる場所となった。高校、大学進学率の上昇、離農や兼業化の進展は「学歴」の重要性を見せつける効果をもたらし、学校を「希望に満ちた」場所にしていった。それも、学校が高度成長の基礎をなす人材開発の装置として機能したからであった。

学校からカイシャへ

六〇年代における企業と教育との関係を強く規定するのは、社会慣行としての「新規学卒採用」である。それは、一方では学卒就職者が、学校の紹介を介して在学中に企業から内定を取り付け、卒業と同時に入社するものである。他方では、企業の側における「新規学卒一括定期採用」の慣行とそれが結びつくことで、労働力の需要側と供給側とが強力に結びつくことになる。本田由紀はこれを『戦後日本型循環モデル』と称して、高度成長期にはこれが効果的に機能したと指摘している。つまり、学校を卒業すると、新規学卒労働力としてすぐさま典型雇用の形で社会に出て、順調に上がっていく賃金を家族形成につぎ込むことができ、子どもの教育費の拡大と賃金の上昇が対応し、そこにさらに母親の教育意欲が注ぎ込まれ、子どもは親以上に高賃金を手にする機会を拡大する。こうした循環構造が成立していたという（本田 2014a: p.47）。

そこから、労働力の需要側である企業は、学校教育に対して、より高度な人材育成を要請することになる。とりわけ、一九六三年の経済審議会人的能力部会答申「経済発展における人的能力開発の課題と対策」（一般に六三答申と略記）の中心である「教育投資論」と「マンパワー・アプローチ」（人材＝需要方式）は、経済界の要望としての「能力主義」に基づく教育界の再編をデザインしたものであった。だが、実際には、日本的経営における「終身雇用、年功序列」を枠組みとした限定的な能力主義化を進める大企業の経営、労務管理の方向に沿う形で、企業と学校の接続はなされた。

ただし、基幹労働力については、職種、職務の特化をせずに、多様な分野の能力開発を求めるがゆえに、「一般的、抽象的能力」を重視した労務管理が主流となっており、新規採用にあたっても、「一般的、抽象的能力」を重視し、それが六〇年代末以降の普通科高校志向を高め、職業高校離れを引き起こすことになり、「学歴」ではなく、「学校歴」とされる学校ランクや偏差値に基づく選考方法が一般化することになる。

こうして、六〇年代末以降の高校入学、大学入学者の増加による「競争」の構造は、企業の雇用構造と表裏一体のものとして定着することになる。それは、経済成長と労働人口の急激な雇用者化、さらに高卒労働市場の優良化を前提とした、高卒者の就職斡旋事業を高校が一手に引き受ける「学校職業紹介システム」の定着を生み出した。中卒が「金の卵」と評価された時代から、産業構造のさらなる高次化は高卒以上が生活の上昇と安定を保証するといった社会的通念を裏付ける時代へと進んだのである。いわば「いい学校を出て、いい会社へ」といった意識が実態を伴って社会的通念となった時代でもあった。

学歴神話の登場

こうして、高度成長の時代には、教育は「競争の教育」と化した。それは成績を巡る競争に勝つことこそが重要な価値となり、学校教育の諸要素、諸活動がそのために仕組まれてしまう体制である。「競争の教育」の特徴としては、次の四点が指摘されている。すなわち、①学校システムの選別機関化、②人間、学校、就職先の上下序列化、③上下序列の正統的価値化、④正統的価値争奪競争の全般化（久富 2004: pp.344-345）である。その背景にあるのは、すでに見てきた「企業社会」における出世コース、すなわち、学校での成績競争の勝者は、企業社会での生涯にわたる高位の序列に身を置くことになる、という神話である。この神話は六〇年代の高度成長期に生まれ、八〇年代に完成する。この間、人々はこの神話を信じ、競争に勝つために努力し、その挙句勝者はまさに大企業に就職し、出世する。部分的であれ、こうした現実が生まれるのを目の当たりにした人々は、さらにこの神話を信憑するに至る。

この成績を巡る競争で興味深いのは、日本の小、中、高の生徒の成績は、国際的にみてもいずれもトップレベルを記録している（ＩＥＡ国際教育到達度評価学会による）のだが、高得点を挙げた科目に対する関心や好みという点では極めて低いという特徴が挙げられている点である。つまり、他の国の生徒たちは、関心を引く科目の点数は高く、関心を持てない科目の点数は低くなるのだが、日本では、全体として、科目に対する関心は低く、そこに意味を見出すことがないにもかかわらず、点数だけは高得点を挙げているという特徴を見出すことができる。

なぜそうなるのか、という疑問を解くのが、この「神話」である。本人の好みや関心に関係なく、また、その教育内容に意味を見出せようが見出せまいが、要は成績競争に勝つか負けるかで、生涯の豊かで安定した生活を送ることができるか否かが決定される、という神話である。

子どもたちは、こうして学校では成績競争に明け暮れて、関心のない、意味も分からない科目の成績を上げることに精力を使い、社会に出れば今度は企業内の出世競争に明け暮れる。そして、家族といえば、子どものそうした競争のための基地を提供し、大人になれば、社会的地位を獲得し、再生産するために邁進する日々を送ることになる。「会社人間」の誕生である。こうして、企業社会は、学校と家族を巻き込み、学校の成績競争を、社会に出てからの出世競争のための「通過儀礼」とし、社会に出てからは生活の豊かさと安定、そして社会的地位の獲得のための出世競争に励み、家族はそれを応援し、下支えすべき装置とされる。かつてのムラが、不安定な個々のイエをまとめて、全体としての人々の生存を保証し、そのことを通じて、ムラ人は自分のイエだけではなく、それ以上にムラ全体の機能の維持、存続のために協力し合った。だが、その場合、ムラ全体の維持、存続は個々のイエと個人の生存と直結しているということが目に見えるものであった。これに対して、高度成長下の企業社会では、学校も家族も自分たちの将来の成功のために身を粉にして努力するが、それが、どのように企業社会全体と関連するかについては目に見えない。ただ、「自分たちのため」「自分の家族のため」という「家族こそが生きがい」という価値観ゆえに、人々は、結果として、盲目的に、企業社会の維持、存続に貢献することになる。

隠れたカリキュラム

だが、企業も、生産性を上げるために個人の能力開発のみを重視したわけではない。日本企業の生産性は労使間の共同体的一体化にあることは、むしろ前提でもあった。そこで、共同体的規範の内面化は、学校教育の基本をなすものであった。しかも、地域共同体的規範（世の習い）が衰退した結果、子どもの生活習慣、すなわち社会的能力の立て直しもまた学校に要請されることになった。学校はそれを「生活指導」という形で訓育することになる。そして、この「生活指導」を実質的に担うのが、「生活共同体」として構想された日本固有の「学級共同体」にほかならない。そこでの「しつけ」は目に見える教科カリキュラムに対して、目に見えない「隠れたカリキュラム」と呼ばれる学級独自の機能として施されることになる。

日本とアメリカの小学校における教科カリキュラム以外の生徒たちへの指導のあり方を比較、検討した恒吉僚子によれば、日本の場合、感情移入能力（empathy）を踏まえた、他者との協調行動が重視される。そこでは「相手の立場だったらどう感じるか」という感情を介して、相互の立場を考慮しつつ、「協調行動」を可能にし、その過程で共通体験を通じて互いのことを知り、それがまた感情移入しやすい条件をつくることになる。

日本の場合、アメリカには存在しないような協調行動の場が準備されている。班、日直、さまざまな係があり、それぞれが数多くの作業を集団的に引き受け、児童の自発的な作業によって実施される。朝夕には学級単位の集まりがあり、学校全体の朝礼もある。クラブ活動や遠足などでのグループ活動や集団登校、それに運動会など、これらすべてが児童の「協調行動」によって実施されているのである。アメリカの場合は、教師がリーダーとして指示を下し、児童がそれに従うという形をとるが、日本では、児童の集団による役割分担と、児童相互の規制を教師が利用しつつ、間接的に統治する。教師は直接指示を下すのではなく、児童が自らの役割分担に基づいて、相互の役割期待に気づくことで、自発的な「協調行動」をとるように仕向けることになる。恒吉は、日本のこのような相互の感情に焦点を当てた同調のあり方を「内在型」として、アメリカのような教師の指示といった外的な力関係に基づく同調の「外在型」と区別している（恒吉 1992: p.75）。

このように、日本の「学級」の独自性は、感情教育を通じて、児童の自発的な「協調性」を引き出す、さまざまな装置（班、日直、係）を供えている点にも伺われる。日本では、教科に関するカリキュラム以外のさまざまな「生活指導」が実施され、そのそれぞれに係が決められる。「手の正しい洗い方」「廊下の正しい歩き方」「持ち物のランドセルへの正しいしまい方」など。その一つ一つの動作の指導は係の児童によって、相互の感情を介した「協調行動」として実現される。この全人格的ともいえる指導は、かつてのムラの「子ども組」や「若者宿」における先輩によるさまざまな「しつけ」教育の延長上にあると考えることが出来る。極めて親密で長期にわたる人格的接触（＝共同体的関係）の中で、相互の役割期待を即座に理解し、それを行動に移すという社会的能力は、「学級共同体」の秩序ある運営のためには不可欠なことであるだろう。

そして、こうしたいわば「感情の互酬性」とでもいえる協調性は、社会に出た場合にも、戦後日本の企業や家族の関係にもついて回る不可欠な能力である。互いに相手の感情を察知するということは、相手の役割による自分に対する期待がなんであるかを察知することであり、またその期待に応えた行動をとることであり、あるいは期待に応えることができない場合の弁明を如何にするかの判断である。期待に応えられない場合は、なんらかの「負い目」を感じることになり、その「負い目」ゆえに、次回には同じ期待に背くことのないような力をつけておこうという努力目標を生み出すことにもなる。

高度成長は、日本の社会をムラ社会から、「企業社会」へと変化させてきたが、それは決して欧米流のゲゼルシャフトリッヒな契約関係に基づく企業内関係をもたらしたわけではなかった。企業内の共同体的関係は、学校や家族内の共同体的関係をも維持、存続させることによって自らの超世代的な組織的統合を可能にするものであった。企業の「日本的経営」は、とりわけ「年功賃金」と「終身雇用」による生涯にわたる生活保障と、世代間の互酬性への信頼は、従業員が自らを会社に一体化することを可能にした。会社に献身する男たちは、その動機として「生きがいとしての家族」という価値観を内面化し、その価値観を共有する女たちは家庭内に自閉しつつ、男たちの成果に見合う内助の功を家事労働を通じて贈与することに満足を感じ、子どもたちは、こうした親の（モノまみれの）愛情に応えるべく（また、学校の隠れたカリキュラムによって、親の期待にも敏感になっていたがゆえに）関心をもてない科目の成績を上げるための努力を惜しまずに励むことになる。こうした一連の相互の役割期待が問題なく繰り返されつつ、豊かで安定した生活を築き上げている限りは、この循環の総体は人々に幸せを与えてくれる好循環と映っていた。むろん、その循環から外れ、取り残されてきた周辺に対する視線の遮蔽は不可欠ではあったが。

第五節　マツリの変容

都市化とマツリ

高度成長は、地域を変えることによって、戦前まで伝統的にムラにおいて執り行われていたマツリをも変えてしまった。すでに触れたように、高度成長期には地方から大量の若者が都市部へと移動した。その結果、ムラは過疎化し、マツリの担い手や後継者不足と、ムラ人たちの高齢化によって、かつての形のままでマツリを行うことができなくなり、簡素化したり、中止に追いやられる地域が増え続けた。

また、ムラの生活自体も変わり、テレビや自動車の普及は人々に都市的な価値観を植え付け、家電を含むそれらを手に入れるために兼業化や出稼ぎ、あるいは農業からの転業が進み、これまでのように、専業農家を中心としたムラ全体の行事をムラ人総出で行うことが難しくなる。マツリはムラ人全体の共同性の確認であり、また共同の娯楽の場でもあったが、そうしたマツリの機能は弱体化せざるを得ない。

上野千鶴子は、こうした地縁のマツリの変化を社会的「縁」の変化として解釈している。つまり、地域のマツリの変容の背後にあるのは、「地縁」という選択できない縁が、今日には「選択縁」化しているということである。ムラが、その統一的な共同性を実現しえた背景にあった生業、すなわち生産の共同性の希薄化によって、地縁の拘束性が弱まり、同じ地域に生活しているということが、その共同性への一体化の根拠とはなり得なくなっているのである。さらに、都市部においては、そもそも流動性が高く、そこに閉鎖的な地縁関係を結ぶことに根拠がない（上野 1984: p.76）。指摘される前提の変化こそ、高度成長によって生み出されたものであり、移動の時代にあって、それでも感覚的な共同性を享受するために選択した「縁」に基づくマツリを、あたかも共同体の再生という「夢」として体験しようと、人々は集まり、参加しようとする。

とりわけ、都市部においては、マツリはそもそも市場経済とは親和的であった。かつての縁日が常設化したのが、繁華街にほかならない。したがって、高度成長期には、都市部のマツリはさらに経済的効果を求めて変化してゆく。そもそも都市部の町内には生業を同じくするという点での、ムラにおけるような生産の共同性は不在である。だが、そうであるからこそ、マツリによって「地縁」としてのアイデンティティをもたらすべく企画されたマツリは、ムラの場合以上に劇的な非日常性を演出し、求心力を高める必要にせまられた。それゆえ、都市部のマツリは、ムラの場合と異なって、大掛かりな仕掛けときらびやかさが特徴である。

その都市部のマツリもまた高度成長期に変化する。松平誠が例示する群馬県桐生市の「八坂祭礼」の場合、一九六〇年代に入ると、町から若者が流出し、マツリの際の神輿の担ぎ手が不足し、ヒトを雇ったが高くつく。そこで、各町会長、氏子総代、若衆代表連名で市当局に資金援助依頼を提出し、一九六四年から、八坂祭礼を含む、春の商工祭、夏の七夕祭・花火を一括りにした「桐生まつり」へと発展させる。本来七月下旬に行われてきた「八坂祭礼」は八月上旬へと繰り下げられることになった。こうして、文化・文政期から伝統的に受け継がれてきた祭礼は、高度成長期には、観光と商工のマツリへと変貌し、その組織のあり方も大きく変わった（松平 1983: p.192 以下）。

マツリとイベント

観光と商工のマツリとは、要するに、マツリの「イベント」化にほかならない。伝統的な形のマツリが、地域共同体の衰退の結果として、それまでの方式では成立しなくなって、そこに市の行政や商工会議所の支援を求めるということは、市または商工会議所主催のイベントの一環ないしイベントの一部として組み込まれることである。マツリとしては成立しなくなったが、イベント化することで形を変えて継続することを選ぶことになる。

マツリの本来の形とは、すでに見てきたように、神への供犠であり、氏子が主催し、氏子の結束を図るために、神にむけて消尽することで、日常の功利的精神を超越することをめざすものであった。これに対して、イベントとは、主催者は神ではなく、「客」のために芸や食を提示し、客は金銭によって、それらを購入することになる。したがって、客が楽しみ、満足して、こうした芸や食を大量に消費するなら、このイベントは成功したことになる。要するに、主催者の狙いは経済効果である。

もっとも、こうした芸や食というのも、マツリにおける「直会」で神への供え物を神とともに共食することや、この間に神に奉納するために演じられた芸能が、参加者に金銭をとって提供することになったものであるから、マツリとイベントに連続性が全くないわけではない。ただ、その方向が真逆なだけである。神への贈与としての「消尽」として執り行われていたことが、客との売買、つまり客に「消費」させるために行われることになる。

こうした、イベントのうち、高度成長期に国家的規模で行われたのが、「東京オリンピック」

（一九六四）であり、「大阪万博」（一九七〇）「沖縄海洋博」（一九七五）などであった。空前の動員数を誇った「大阪万博」は、その主催者たちによって、「マツリ」として演出され、それがまたマス・メディアによってあおられて「豊かな未来」をイメージするものとして喧伝され、大衆もそのように受け取ったのである。つまり、そこには「豊かさ」という「夢」が展示されており、人々はその「豊かな未来」の住民となることを「夢」見たのであった（小松 1997: p.23）。この「大阪万博」では、全国のマツリが「おまつり広場」に集合し、それ以来、伝統にこだわらない新しいマツリが次々と生まれた。六八年の「銀座まつり」、七一年の「神戸まつり」、七二年の「高島平団地まつり」などである。このマツリ・ブームは、明らかにイベントに「マツリ」を冠したものであり、集客を狙って企画されたものであった。

こうして、この時代には、マツリは、経済的な豊かさというイメージを「夢」見るイベントに同調する形でしか生き残ることはできなかったのである。というのも、見田宗介が指摘したように、高度成長の時代は、貧しい現実を生きる人々に対して、その準拠すべき未来の「豊かさ」という「夢」を追い求める動機づけを与え、そして、年率一〇パーセントという成長率を実現し、人々に「豊かな生活」へと近づきつつあるという実感を与えることに成功した時代であったからである。まさに、人々は「時代は進歩する」という実感の手ごたえを感じながら、この「夢」に向かって邁進したのである。本来、毎回反復でしかないマツリは、その都度更新され、新規なもの、より刺激的なものを演出するイベントに包括されることで生き延びることが可能な時代なのであった。こうして、とりわけ若者たちにとって、マツリとは、「直会」における神への食と芸の奉納ではなく、その後の無礼講における乱痴気騒ぎであり、テントの中で作られた全国各地の食を購入して楽しみ、提供された芸能を喜ぶといった、一種の「快楽消費」の場へと変容する。高度成長による物質的な「豊かさ」が蔓延しつくした後に、新たな欲求は生理的、心理的な、したがって体験的な快楽の消費、すなわち個人化された消費へと「高次化」することになる。

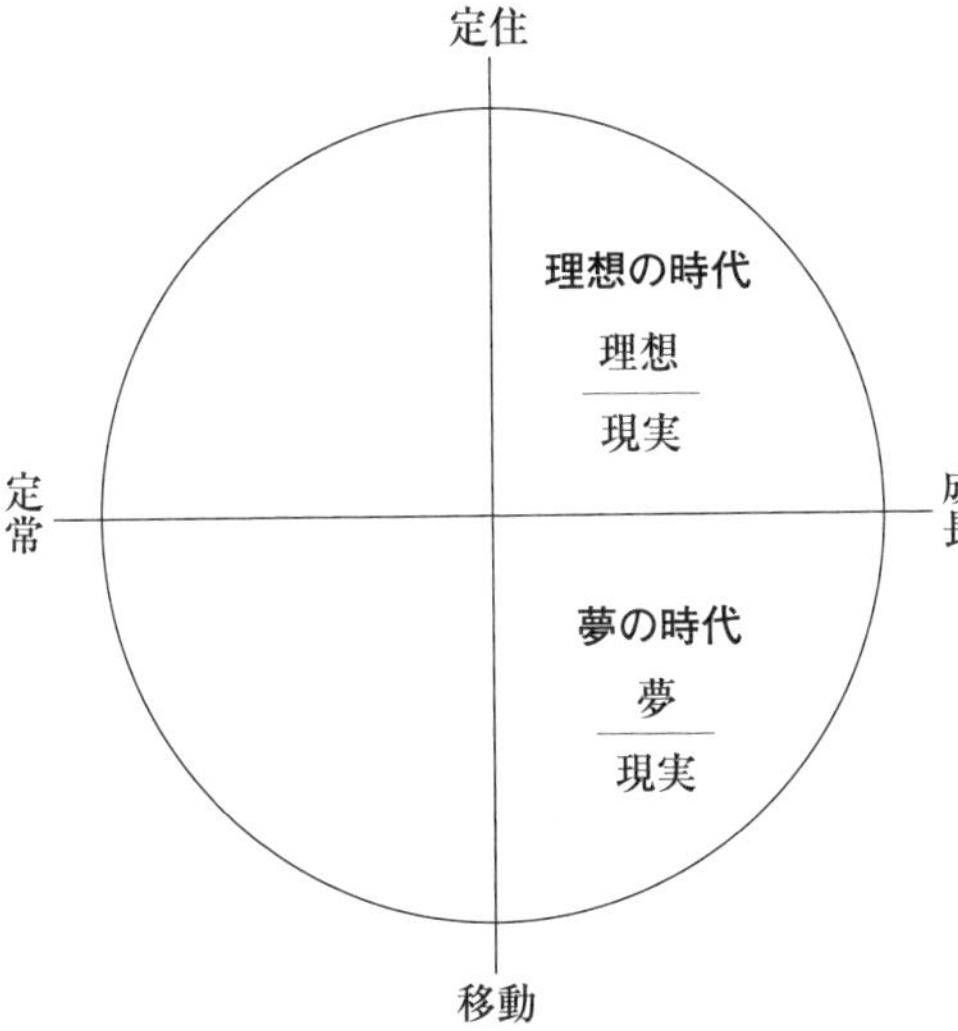

図 2-1　高度成長期の日本社会の位相

　こうして、見田が一九四五年から六〇年を「理想の時代」、六〇年から七五年を「夢の時代」と名付けたように、戦後は政治的、経済的に（民主化と豊かさへの）「進歩」をめざした希望の時代となった（見田 1995）。ただ、高度成長の本格化する六〇年代以降に農村から都市への若手労働力の大移動が拡大される点を考慮して、これを（図二－一）のようにまとめておく。いずれも、戦前までの「定常社会」、すなわち本書でいう「生存の時代」から大きく離脱し、「理想」や「夢」といった未来志向的な現実観に支えられることになる。それはこうした「未来」へと準拠することによって、「現実」の不合理や悲惨さを自覚しつつ、それを乗り越えるために現実それ自体の変革をもたらす活動を生み出す。現実は「理想」や「夢」をめざす中で日々変革される、という手ごたえがその時代には存在していた。

だが、この時期に「マツリ」は本来「定常社会」を前提として、その社会的機能が発揮されるものであったが故に、徐々に衰退し、延命のために「イベント化」することになる。地域としてのムラに代わって、人々の生産の場として登場したのが「企業」である。かつて、ムラはその範域内で、生産、労働力の再生産、労働能力の養成を自給的に実現してきたが、ムラ社会に代わった「企業社会」は、全国的規模で、それらの連関の再現をめざし、企業、学校、家族間の「循環モデル」の開発に向かい、それは、とりわけ「豊かさ」への未来志向を構成員全体が共有することによって、ほぼ完成を見た。そこでは、高度成長の成果が前提となって、それら諸機関間の統合が達成され、また、その統合が前提となり、高度成長が実現するといったスパイラルが実現されたのであった。

そして、ムラに代わって登場した「企業社会」を中心に、学校も家庭も「共同体」的に編成され、互酬関係がそれらを構成する人間関係の規範として重視され、埋め込まれることになる。むろん、現在の関係のあり方に慣れた人々からすれば、その「共同」は強いられたものであり、そこには個人的自由という点で「抑圧的」としか言いようのない難点が存在しているとされる。だが、貧困からの脱出を第一義的にめざす人びと、とりわけかつてムラ人でもあった大人たちからすれば、企業の共同体的拘束などは、ムラのそれから比べれば、緩いものであろう。子どもたちといえば、これまた今日のように「消費者」として「一人前」扱いをされることもなく、親と教師の保護が無くては何者でもない存在として自身を位置づけていたわけで、その保護が「共同体」的拘束であると言われれば、納得するしかない。納得のいかない「自由でありたい自分」意識などは生育してはいないのだから。総じて、この「夢の時代」における仕事、学校、家族といった諸領域の「共同体」的編成は、将来的に問題となるような芽を抱え込みつつ、この段階では問題視されることなく、人々に受け入れられてきたと言える。なぜなら、それらが人々の「居場所」として引き受けられていたからである。

だが、こうした無限に継続するかに見えたスパイラルも、その土台である「高度成長」に陰りが見え始めるとともに各機関の機能不全がたちまち赤裸々のものとなる。というのも、豊かさが保証される限りで、学校や家族は、それら本来の社会的機能に目をつぶって、企業への従属に身を任せてきたが、その保証が破たんした段階で、本来のそれぞれの社会的機能のほころびに気づき始めたのである。これが、ポスト成長期の、したがって八〇年代以降の現在に至る日本社会の「死滅」をもたらす契機となる。

第三章

社会の消失

「派遣村」の炊き出しの風景

写真提供：共同通信社

第一節　ムラが消える

地域開発の果て

高度成長と地域開発は、戦後日本の景観そのものを変えてしまうほど、急速に進められた。そこでは、戦前までの日本人の生活のあり方からすると、同じ民族の生活とは思えないほどの変化を生み出した。人々の生活の変化は、価値観を変えただけではなく、自然の景観という物理的な変化にまで及んだ。

オイルショック後の全国総合開発計画は、それまでの産業重視と太平洋ベルト地帯への人口と産業の集積から、方向を転換させ、七七年の「三全総」（第三次全国総合開発計画）による人口、産業の地域分散と、定住圏構想を柱とした生活重視の国土計画へと舵を切った。その理念は、地方への資源の再分配と、国土の格差是正に向けた整備にあったが、東京一極集中の流れを変えるには至らず、その理念の実現を果たすことはできなかった。

だが、一九八七年、中曽根内閣の「四全総」（第四次全国総合開発計画）、八六年の「民活法」（民間事業者の能力活用による特定施設整備促進に関する臨時措置法）そして、八七年の「リゾート法」（総合保養地域整備法）の整備は、都市と地方を問わず、民間主導の開発事業のための規制緩和を促すことになる。そして、このリゾート開発ブームに乗って、八七年から一〇年間で六〇〇万ヘクタール（国土の一六パーセント）に及ぶ国土のリゾート開発が進められ、上空から見た国土は、ゴルフ場開発によって禿山だらけの惨状となった。そして、その結果、破たんした自治体の代表が「夕張市」であった。高度成長時代まで、炭鉱の町として名をはせた夕張市は、六〇年の国のエネルギー政策の転換後、鉱山の閉鎖が相次ぎ、八〇年代のリゾート開発路線に活路を託し、観光施設を次々と建設するが、バブル崩壊とともに、莫大な借金（六〇〇億円）を抱える羽目に至る。その結果、二〇〇六年、自治体倒産へと追い込まれた。

農山村の切り捨て

いわゆる「五五年体制」と呼ばれる政治体制においては、地方の農業従事者の多くは自民党の票田をなしていた。そのため、七〇年代まで、自民党政権の支持基盤でもあった農村には、食糧管理法によるコメの流通価格の国家管理や、減反政策に対する国家的保障など、各種の補助金が流れる仕組みが整備されていた。だが、継続されたこの国庫補助金は農家の生活と意識を補助金漬けにして、国の政策からの自立をむしろ妨げてきた。

それが、八〇年代にはそれまでの福祉国家政策の見直しとともに、農山村向けの財政支出も徐々に削減されるようになる。また、食糧管理会計の見直し、農業補助金の削減が続き、一連のコメ自由化交渉によって、九三年には部分的にコメ自由化が実現される。いわば経済全体のグローバル化に適応した農業部門の見直しが強力に進められてきたのである。

こうして、八〇年代以降の政策転換によって、農村は苦境に立たされることになる。そして、あたかも、その延長線上に位置するかのように、一九九〇年前後に「限界集落」論議が引き起こされる。それは、高度成長期における農村からの若年層の流出に伴う「過疎化」とは質的に異なる、集落の「消滅」の危機として喧伝された。もっとも、問題の提起は八〇年代末であったが、それがマスコミを中心に喧伝されるようになったのは、二〇〇七年の参院選のときであって、「地域間格差」の問題として脚光を浴びることになる。いわば政治がらみのメディアによる情報戦略という側面をもっていた（山下 2012、p.33 以下）。

限界集落問題

当初、この問題が議論された段階では、「限界集落論」とは、集落の六五歳以上の高齢者の比率が高くなればなるほど、限界に近づき、最終的に戸数ゼロの「消滅集落」になるというものであった。だが、近年では、単に高齢者比率の問題だけではなく、むしろ後継者問題、すなわち少子化の問題と連動したものとして議論されている。そう考えるなら、この問題は単に「過疎化」した農山村だけの問題ではなく、日本社会全体が抱える問題の一つの局面を露呈したものという見方ができる。

戦後の高度成長を担った中心的世代として、常に注目を浴びてきたのは「団塊の世代」であるが、実は、その人口爆発を担った人口部分つまり、その親世代は大正から昭和一桁生まれの世代であり、かなりの人口のボリュームをなしている。というのも、彼らを生んだ親（明治生まれ）たちは、それまでのように「多産多死」の時代と思って多くの子どもたちを生んだのだが、公衆衛生の整備や栄養状態の改善などによって、生んだ子どもたちがそのまま成長してしまったために、親の予想とは逆に、子だくさんになったと考えられる。このように、人口変動の局面ばかりでなく、戦後の高度成長を準備するのは、むしろ戦前であり、戦前に準備された条件や体制が、実は戦後社会のあり方を規定してきたのである。

それはともかく、こうして、戦後ベビーブームで生まれた、いわゆる「団塊の世代」が中学、高校を卒業して、関東、関西の都市部に流出して、地方の人口が減少に転じるのが、「第一次過疎」の時代である。だが、その際、同世代の長男とその上の世代は残ることになる。残った上の中心的世代が昭和一桁生まれの世代である。この動きがいったん収まると一九六〇年代末には過疎化は沈静化する。そして、団塊の世代で地方に残った長男の子どもたちが生まれる（第二次ベビーブーム）と、地方でも人口増加がみられることになる（一九七〇年代）。だが、その子どもたちは成長すると、再び都市部へと流出することになり、昭和一桁生まれの世代が高齢化するが、団塊世代の長男夫婦にも少子化の波は襲ってきており、生まれた子供たちは都市部へと流出するため、生まれる数より亡くなる数のほうが増加することになる。第一次過疎化が人口の「社会減」が原因であったとすれば、このたびの「第二次過疎化」は人口の「自然減」が原因となっている。これが一九九〇年代（昭和一桁世代が六五歳を超える年代）に生じた過疎化である。そして、この第二次過疎化の地域は高齢者比率が高くなるとともに、その跡継ぎの世代が少子化によって少なく、また都市部へと流出してしまって、「限界集落」問題の発祥地とされることになる（同前：p.197以下）。

つまり、こうした地方の第一次、第二次過疎化の背景には、昭和一桁生まれの「親」世代と、その子どもたち「団塊世代」と、さらにその子どもたち、つまり孫（団塊ジュニア）世代という三世代に渡る人々の社会移動と生活様式の違いなど、高度成長期とその後の社会のあり方が伏在していることになる。高度成長後の時代には、かなりの人口部分は都市部で生活し、さらに若年層は兄弟数も少なく、親の実家も、親の兄弟が健在である限りは行き来もあり、いとこ同士の関係もあるが、親同士の関係がなくなると、このいとこ同士の関係も疎遠になりがちとなる。こうして、親族関係は薄れ、兄弟は少なく、郊外のニュータウンで核家族の生活を送りつつ、地縁、血縁から遠ざかって孤立した生活を余儀なくされつつある。今では「限界集落」の問題は郊外のニュータウンや団地の問題として脚光を浴びるようになった。そして、限界集落の問題は、単に地域の高齢化比率の問題ではなく、少子化による、後継者不足の問題でもあるが、その後継者と考えられる世代の「無縁」社会化の問題に結びつく問題でもある。

第二節　日本的経営の破たん

オイルショック以降

日本は、高度成長の中で、一ドル＝三六〇円の固定相場制を維持し続け、輸出産業を防衛しようとしてきたが、一九七一年のいわゆるニクソン・ショックにより、世界経済の変動相場制への移行によるグローバリゼーションの波に耐えきれず、一九七三年、円は一ドル＝二六四円の変動相場制に移行した。その円高対応の最中、七三年一〇月に第一次オイルショックが勃発した。

これを機に、高度成長以来、田中角栄の「列島改造論」に至る戦後日本の利益配分型政治が限界に達し、「福祉国家体制」の危機と「新自由主義体制」への移行が始まる。それが中曽根政権から安倍政権へと流れる新保守主義の潮流である。

このように、ニクソン・ショックとオイルショックといった経済的危機の中で、世界的にはスタグフレーションが定着し、世界的不況の波に襲われることになった。だが、日本はそこからすばやく脱却し、後に「バブル景気」と呼ばれることになる繁栄の絶頂期を迎えることになる。この八〇年代までの日本経済は高成長から中成長と言われるくらいに高成長の余韻を残した時代であった。

カイシャ主義の台頭

では、日本がいち早く世界的なスタグフレーションから抜け出せた理由は何か。これが八〇年代における「日本的経営」の賛美を生み出すことになる根拠でもあった。

それは、企業共同体を作り出した「日本的経営」をフルに活用し、社員の共同体意識を極限まで引き出すことによる生産性の向上であった。つまり、オイルショック後には「会社による国民統合」という事態が一段と進められたことになる。というのも、会社の危機は社員の危機でもあるが、それだけではなく、社員が抱える家族の危機でもある、という意識を生み出し、この家族丸ごとの危機を乗り越えるためにも、「会社一丸となって」この難局を突破しなければならないという空気が蔓延したのである。後に「日本型システム」と称されるものは、この時期の「会社主義」のこうした側面を表現したものなのである。

七〇年代後半以降の、いわゆる「減量経営」期には、人員削減のため、企業は「職能資格制度」を導入し、社員相互の競争関係を強化し、生産性の向上を図りつつ、反面、「日本的経営」固有の会社共同体の組織を維持し続けようとした。そこでは、職能資格制度の中にも「協調性」を重視する基準を設定し、競争だけではなく、「共同体」維持の側面を取り入れた年齢別モデル賃金を設定し、「能力主義」の中にも勤続年数を加味した給与体系を提示するなど、競争関係と共同体関係の両者の活用を志している（守尾 2005: p.33）。

　そして、競争と共同体意識の維持という企業側のこうした方策は、後に「大平総理の政策研究会報告書」（一九八二）によって、「日本特殊性論」の元になる議論を生み出すことになる。そこでは、日本社会は財政赤字の増大という「福祉国家の危機」も、新自由主義による「個人化と不安」も、ともに超克した社会として描かれており、その根拠とされるのが、終身雇用制と福利厚生を通じて会社と社員の全人格的なつながりを確保した共同体、すなわち「日本的経営」なのであった。

　確かに、この時期の「日本的経営」は、いち早くスタグフレーションから立ち直り、その強靭性を発揮した。七〇年代後半からの減量経営期の日本企業の国際競争力の強さは、企業のグローバル化、すなわち多国籍化を遠ざけることが可能であった。それは、労働者間の競争を織り込んだ共同性、すなわち労働者統合を生み出し、それを生産性向上へともたらした。さらに重層的な下請け構造はコスト削減を可能にし、行財政による大企業の資本蓄積の下支えなどが主な要因であった。

　こうした「日本的経営」の「会社中心主義」への強化とともに、それまでの農村の保守層を基盤とした福祉国家型の開発主義に代えて、大都市の保守層を基盤とした、金融、サービス、メディア産業と結びついた新自由主義が徐々にヘゲモニーを確立していく。だが、バブル経済の破たん後、グローバル化の進行と、この新自由主義的政策の結びつきは、八〇年代とは打って変わって、「日本的経営」こそが、九〇年代以降の長期にわたる不況の原因として、槍玉に上がることになる。八〇年代に賛美された「日本的経営」は、九〇年代には無残にも「諸悪の根源」の汚名を浴びることになった。

日本的経営の裏切り

つまり、八〇年代の減量経営の時代には、「日本的経営」を強力に推進し、競争意識のみならず、共同体意識をも動員して、難局を乗り切って、「日本的経営」を称賛し、ジャパン・アズ・ナンバーワンを謳歌してきたが、バブルが弾け、九〇年代の低成長の時代になると、急激なグローバル経済化における「日本的経営」の有効性は失墜し、むしろ不的確と判断され、大規模な雇用リストラが始まり、一九九八年にはじまる戦後初めての平均賃金の下落など、「日本的経営」からの撤退が相次ぐことになる。

これらの事態は何を意味するかを考えてみると、かつて高度成長の時代には「日本的経営」は、松下幸之助が「会社は預かりもの」と称したように、先祖からの預かりものとしてのムラ的な意味を担っていた。会社は、特定のだれか（例えば、経営者や筆頭株主）のものではなく、社員全員のものであり、同時に社員の家族の生活保障でもあるといった意識を生み出していた。だからこそ、会社への貢献によって、会社が発展するなら、その成果は自分や同僚、そして家族全体に再分配されることが期待されていた。ここでは、個と全体とは、互酬的な関係が前提されていたのである。だが、八〇年代になると、会社という全体は、社員と家族という個の生活保障であるという関係は反転し、全体が崩壊することは、その内部の個の破壊でもあるがゆえに、全体の維持のために個はむしろ犠牲にならなければならない、という意識が正当性を帯びることになる。だから、賃金の引き下げにも組合として同意し続けてきたのである。そして、九〇年代には、こうした「日本的経営」が桎梏になると判断されるや、雇用リストラに向かうことになり、リストラとは、終身雇用を謳ってきた「日本的経営」の屋台骨を破壊することであり、また中高年のリストラとは、年功賃金のうち、若年期に過剰に提供してきた労働分の取り戻しの時期に当たり、それを取り戻すことなく、解雇されるという理不尽に直面するということである。こうして、九〇年代以降には「日本的経営」の会社と社員相互の互酬的な信頼関係がみごとに裏切られる時代に入った。

一九八九年一二月の株価は三万八九一五円に上昇、翌一九九〇年秋には二万円台、一九九二年には一万四三〇九円に落ち込む。バブル崩壊である。九〇年代の中高年を対象とした大規模な雇用リストラは、新規学卒者の採用抑制（大学生の場合には「就職氷河期」とされた）とともに、企業の問題を超えた「社会問題」として認識されるに至る。

そして、これを日本的雇用の改変として打ち出したのが、一九九五年に提示された日経連の『新時代の〝日本的経営〟』であった。そこでは、雇用リストラの深刻化のなかで、雇用の流動化が今後は基調になるという認識のもとに、少数精鋭の要員管理は当然として、雇用形態は大きく、①長期雇用を前提にするコアグループ、②長期雇用を前提にしないプロフェッショナルグループ、③雇用柔軟型、つまり、非正規雇用型のグループの三つに分類されることになる。

こうした九〇年代の危機は、産業の主要な部分が、海外に移転するというグローバル化に起因する。急激な円高に適応するために、企業は大小を問わず、生産ラインを人件費の安い中国や東南アジアに移さざるをえない。そして、こうしたグローバル化のなかでの低コスト競争に勝ち抜くためには、多くの外国人労働者の導入と、アルバイト、パートなどの非正規雇用者の増加が不可避となったのである。

グローバル化と「成果主義」

グローバル化の進行とともに、多国籍企業の進出先の経済状況、販売先の各国の景気の動向、ライバル企業の動きなど、各国の事業量、雇用量の調整を大規模かつ短期的に行う必要が生まれ、それまでのような能力とは関係なく長期にわたる年功型賃金に基づく雇用は困難になる。さらに、これらの作業をこなす精神労働が労働の中心となる。海外事業所のさまざまな活動、すなわちモノ、情報、労働力の流通を管理、統制する膨大な指揮、管理業務をこなす仕事がコアとなる。こうした人材には「年俸制、成果給」がふさわしいと考えられる。だが、九〇年代の雇用リストラが賃金コストを支えることができないことが原因であり、それはすでに繰り返してきたように、団塊の世代が八〇年代半ば以降低賃金に甘んじてきた世代から、逆に高賃金を受け取る側に反転したことと、それを支える若年労働力の不足に起因するものであった。だが、その後のグローバル化の時代には、多国籍企業にとって、雇用リストラは、労働力の調整として当然視されるものへと変わってしまった。そこでは、「日本的経営」の柱であった長期雇用慣行は風前の灯となりつつある。

そして、日本的雇用システムに代えて、提唱され始めたのが、いわゆる「成果主義」にほかならない。一九九八年の「社会経済生産性本部」のアンケート調査によると、今後の賃金体系を「全面的に能力・成果主義にする」と答えた企業が三八パーセントにのぼっている。九〇年代後半には賃金カーブのフラット化が進み、九八年には戦後初めて雇用労働者数の絶対数が減少に転じた。

成果主義では、数値的に判定しうる従業員の企業への貢献度が評価の対象になり、従業員相互の競争関係が全面化する。しかも、八〇年代の減量経営期の職能資格制度導入時のような、従業員相互や上司との関係における協調性の重視という基準はなくなり、ただひたすらに従業員相互の競い合いのみを重視することになる。そこでは「日本的経営」が実現した「共同体」的関係は解体し、従業員相互の「個人化」が進行することになる。

年功賃金の限界

確かに年功型賃金は、人口ピラミッドのすそ野が広がっている限り、低賃金の若年労働力が豊富に供給され、中高年労働者の高賃金を約束することが可能であった。しかし、団塊の世代の先頭が四〇歳になるのが八六年ごろ、最後尾が四〇歳になるのが九〇年ごろであるから、そのころまでは若年層の人口はまだ相対的に大きいが、一九九一年からは、この団塊の世代がすべて四〇歳を超えて中高年になり、年功賃金の後半部分、つまりそれより若かった時点で低賃金に甘んじていた部分を取り戻す年代に入ったことになる。会社側にすれば、人件費の負担が増えることになるが、今までのように豊富な低賃金で働く若手労働者が不足することになるから、人件費の単なるコストアップということになり、会社の体力が持たなくなれば、その中高年層のリストラに向かうしかなくなる。しかし、労働者側からすれば、それまで低賃金で働いて、いざこれから元をとれる、という年代でのリストラであるから、それまでの会社との信頼関係は地に落ちることになる。というのも、すでに見てきたように、年功賃金とは、会社全体の成果を一定のルールに従って「山分け」ないし再分配するというものであり、また四〇歳前の社員と四〇歳以降の社員との間の「世代間互酬」の関係でもあり、「再分配」や「互酬」という交換様式は、「共同体」を作り出す仕組みであった。九〇年代後半以降の日本企業は、その仕組みを放棄したといえる。

また、新卒者の一括新規採用の方式も激減した。「就業構造基本調査」によれば、一五〜二四歳の正規雇用労働者は、一九九七年には五四九万人であったが、二〇〇二年には三三六万人となり、二一三万人も減少した。高度成長期に成立した雇用慣行は、バブルが崩壊するまでは生きながらえ、若年雇用問題の不在（ほぼ就職できたから）という状態が持ちこたえられてきたものの、ここにきてついに終焉したことになる。そして、若年層の多くは、非正規雇用か、無職という状態に追い込まれ、派遣社員は正規社員の仲間内からは「よそ者」とされ、ここでも「会社共同体」という理念はもろくも潰えたことになる。

カイシャ本位と過労死

そして、八〇年代にいびつな形で生きながらえてきた企業共同体の死を象徴的に示す出来事が「カローシ」と外国語としても紹介されることになった、従業員の「過労死」であった。この言葉は八〇年代の初めには、それをタイトルにした出版物も出されていたが、八八年に大阪で、ついで全国で「過労死一一〇番」の開設によって、メディアに取り上げられることになってから一般に注目されることになる。

八〇年代の減量経営は、人件費のかからない非正規労働者の雇用を増やし、正規労働者を減らす方向での調整を進め、その結果、仕事の責任と負担が集中する正規労働者と、そこから解放され、短時間労働を強いられる非正規労働者とに二分された。この前者への長時間労働のしわ寄せが過労死を生み出す原因と考えられる。

ポスト高度成長期である八〇年代の企業共同体のあり方を考えるとき、過労自殺者の遺書の多くに見られる「申し訳ない」「迷惑をかける」「済まない」といった文言の意味は、なお彼らが「企業共同体」内の互酬の関係、すなわち「恩」と「義理」の関係と感情を抱き続けていたことを示している。彼らは周囲から信頼され、期待されているという「恩義」＝借りの返済のために身を粉にして働き続けるが、この「恩返し」には「ここまで」といった終着点はない（大野 2003: pp.110-111）。

確かに、高度成長期の企業共同体には、経営者と労働者、労働者相互間の互酬に基づく「恩」と「義理」の関係と心情が存在していた。そして、それこそ日本企業の強みの中心であった。チームワークとしての仲間相互間での「助け合い」「相互扶助」「気配り」が機能していた。だから、一部の労働者だけに過重な負担がかけられることはなかった。だが、「減量経営」から九〇年代以降の「成果主義」への転換における企業の変貌は、企業からこうした共同体的関係を根こそぎ絶やすものでしかなかったのである。大野はこの点をこう指摘する。「過労死、過労自殺の職場にあるのは、日本的共同性の歪められたかたちである。他者への配慮と他者からの配慮が呼応しあってお互いの助け合いがうまくいっているとき、日本の職場集団は活性化していた。その相互配慮性が失われコンテクストの破れた状態になったときに、問題が出てきたのである。日本的共同性を体現しているメランコリー（うつ病――引用者）親和性の強い人だけが孤立してしまった。共同性が失われるなかでなおかつ他者への配慮を続けることの悲劇である」（同前：p.193）。企業共同体の死は、九〇年代に現れた「指示待ち」症候群と呼ばれた若手労働者の登場に見られた「個人化」された職場意識の台頭に象徴される事態である。だが、そうした変化に気づかず、あるいは気づいていたからこそ、あえて長時間労働に身を任せ、職場の危機を乗り越えようとした義理堅さの悲劇でもある。それこそ、日本的＝共同体的企業を体現する義理堅い従業員の死であり、日本社会の死の象徴でもある。

第三節　個人化する家族

八〇年代の家族

高度成長が終わりを迎え、バブル経済が崩壊するまで、企業は減量経営のなかで「日本的経営」を強化し、「会社主義」を極めることによって、いち早くスタグフレーションからの脱却を図った。その「日本的経営」に対応した戦後家族の標準モデルとされたのが「核家族」と「専業主婦」のセットであり、それは夫が家庭のことを全く顧みることなく、会社の業務に全身全霊で打ち込むことを可能にする体制であった。そこで、その時期、変容の兆しを見せていたこの戦後モデルに微修正を加えることによって、その維持と存続を図ったのが、この間の家族政策である。山田はこれを「戦後家族モデルの微修正期」と呼んでいる（山田 2005）。これが八〇年代の減量経営期における日本的経営の強化と競争関係の導入といった修正に対応したものであることを明らかにしておく。

専業主婦と夫と子どもといった「標準モデル」の変化の兆しは、賃金の増加を見込めない経済状況と、子どもの教育費の増大といった事情から、一九七五年を境に、主婦のパート労働者化が増大してきたことに始まる。これが、家族モデルの直接の変化であるが、同様の背景は、それまで安定して推移してきた平均初婚年齢の上昇と、合計特殊出生率の低下といった家族形成に関わる要因の変化を生み出した。これらは、主婦による副収入の獲得、結婚の先送り、出産の手控えといった、経済生活の低調に対応した家族の側の適応にほかならない。

このように、経済生活の低調さが、高度成長期に適応的であった「家族の標準モデル」の変化を促すのに対して、高度成長の再来をめざす政府としては、何が何でも、このモデルを維持することを通して、夫＝労働者の目を会社と業績の上昇に引き付けようとしたのである。八〇年代になされた所得税上の「配偶者特別控除」や「第三号被保険者の年金負担免除」などの施策は、それをめざしている。それらは、専業主婦が家の外で職業労働に就く場合にも、家事労働に障害とならない程度の短時間の仕事に限定するなら、そのことによって、税制上、社会保障上の優遇措置を受けられるとするものである。

とりわけ、八〇年代は、企業の減量経営による「会社主義」的動員体制に向かう時期であり、政府としてはそうした動きを後押しする意図があった。しかも、国民生活では、広範な「中」意識が蔓延するくらいに家庭生活は豊かさを満喫するに至っており、中高年夫婦は郊外に「マイホーム」を建て、家電製品に囲まれ、子どもを高校以上の学校に進学させることが可能なくらいの豊かさを手にしていた。

だが、高度成長期のような収入の伸びは期待できず、子どもが親以上の高学歴を手にして、親以上に収入の多い仕事につくといった高度成長期には可能であった将来展望を見出すことはかなり難しくなっていた。そうした事態に対する家族の側の修正が、妻のパート労働者化と、結婚の先送り、出産の先送りとして現れてきたのであり、同様の理由から、七五年ころから「パラサイト・シングル」が出現し始める。

こうした微修正による戦後家族モデルの維持が、なお困難となった場合、夫婦、親子関係はどのような対応を迫られることになるか。夫婦関係の場合、九〇年代以降になると、離婚という解決策が容易にとられることになるが、八〇年代では、離婚後の経済状況や、再婚の可能性など、かなり不透明で、先例がそれほど多くない中で、その解決策は取りにくい状態であった。そこで、夫婦関係については、「愛情と結婚の分離」といった手段によって戦後モデルの夫婦間の愛情問題の解決策がとられることになった。それは、「家庭内離婚」や、「不倫」といった解決策でもある。前者は愛情のない結婚生活であり、後者は結婚生活なしの愛情関係である。そもそも、そのような関係が維持されるのも、未婚時代に、愛情関係が続きながら、経済的条件が整わないため、結婚に踏み切れないカップルが、結婚と恋愛を分離せざるを得ない期間を経験したことが一つのきっかけになっている可能性がある。

他方、親子関係では、収入の停滞は、子どもの学歴が親以上になるための受験のためのコストが上昇し、難しくなり、「子どもに豊かな環境を準備するのが親の愛情」であり、「親の期待に応えて、学歴をつけることが子どもの愛情」といった「愛情」という表現で示された「恩と報恩」の互酬関係の実現が難しくなってきた。すでに「夢」の持てる親子関係の維持が不可能な時代となった（山田 2005: p.201 以下）。

戦後家族モデルの限界

このように、バブル経済の崩壊以後、いわゆる「日本的経営」そのものが見直されざるを得なくなる状況のなかでは、「日本的経営」とセットに考えられてきた「戦後家族モデル」もまたその役割を終えようとしている。そして、このモデルを維持し続けることを可能にした根幹にある「夫の収入が安定的に上昇する」という前提が崩れ、収入の停滞、不安定化、さらには雇用リストラの危機などの高まりは、妻のパート労働者化程度ではモデルの維持には十分とは言えなくなった。そして、日経連が提示した「新時代の〝日本的経営〟」における労働者像の三パターンは、すでに中高年に達した夫がいつ非正規雇用の側に追いやられるかわからない不安定な状況が差し迫っていることを示すものでしかなかった。

このように、日本型長期雇用の崩壊と、新自由主義的な競争による雇用の流動化こそが「戦後家族モデル」の形成基盤を突き崩すものであった。そして、この余波をもろに受けることになった世代は、団塊世代（これはすでに「逃げ」の体制に入っていた）より下の、新人類以下の若年層であり、その家族形成に多くの障害を与えている。つまり、団塊世代の経済力に依拠し、パラサイト化するか、それができない、より経済的に困窮した若年層の貧困化が生み出されてきているのである。

高度成長期の「家族モデル」では、子どもは学校卒業後に就職し、親から経済的に自立し、家を離れて将来の配偶者を選択し、結婚し、親になる、という典型的なライフコースが描かれていた。だが、現在の若者の多くは、実家を出るだけの経済的条件が整わずにパラサイトするか、結婚のための安定した収入がなく、未婚状態のままか、結婚しても経済状況の悪化が少子化をもたらすという事態に直面している。仮に子どもを産んだとしても、経済状況の悪化は子どもへの教育投資に多大な格差を生み出し、「教育格差」となって現象している。

そして、山田によれば、そうした「戦後家族モデル」の微修正は一九九八年に至って、終焉したとされる。それは、九八年に噴出した社会問題の数々が、それまでの再成長をめざす諸政策の限界を露呈するものと考えられるからである。

それは、まず、自殺者数の増加として示された。一九九八年には年間自殺者数は三万二八六三人となり、初めて三万人を超え、二〇〇四年に至るまで三万人台をキープした。また、失業率も上昇し、九八年に五〇万人の失業者の純増を経験して、二〇〇〇年以降は五パーセントを前後し、一六〜二四歳では一九九九年には一〇パーセントを超えた。さらに、この間社会問題化したニートの増加。これも二〇〇〇年以降増加し、二〇〇四年には八〇万人を超えた。それ以外にも、児童虐待、少年犯罪、離婚、不登校、校内暴力、ひきこもり、ストーカー、DVの増加など、山田はこれを「一九九八年問題」と銘打って、ここに時代の転換点を位置づけうるとした（山田 2005: pp.216-217）。

家族の個人化

では、山田のいう「一九九八年問題」以前と以後とでは、家族のあり方にどのような変異が生じたというのであろうか。この点で、山田はベックのいう「第一の近代、第二の近代」論に依拠して、この変異を明らかにしようとしている。

これらの「近代化」は、それぞれ固有の「個人化」を生み出す点に特徴があるとされる。日本の場合、「第一の近代化」とは、戦後のＧＨＱによる「イエ」から「近代家族」としての核家族への移行に相当する。そこでの「家族の個人化」とは、家族関係そのものの選択不可能性や解消不可能性を保持したまま、家族形態や規範、行動などの選択可能性が増大するものである。つまり、家族は運命的な関係であり、解消することは困難であるが、親子のあり方は、「イエ」におけるような「家父長的な関係」を改め「友達的な関係」に切り替えよう、という家族形態の変換の可能性をめざすものである。そして、これには、さらに家族外のシステムからの家族の自由化、すなわち、地域共同体からの自由や、家族の成員の相互の期待からの自由などがありうる。つまり、地域の町内会には参加しないが、地域のイベントには参加する、とか、親が子供に期待する職業には拘泥せずに子どもが自分の関心にしたがって、職業選択をしても許されるなどといった関係性の改変である。そこでは、家族であること自体を選択するという次元はなく、その運命的な関係は前提とされている。

これに対して、「第二の近代化」と、そこにおける「家族の個人化」は、よりドラスティックなものである。山田はそれを「本質的個人化」と呼んでいる。これが九〇年代以降の「個人化」である。

そこでは、家族とは何ら運命的で切るに切れない関係だとは考えられていない。家族であることは、個人が選べる関係であり、したがって切ることも選択可能である。夫婦であるが結婚しない（入籍しない）という関係や、関係を解消するという選択がそれである。親子であっても、親が子を、子が親を選べる（勘当するか、家出して縁を切るなど）という関係である。従来なら、家族の間に生じたトラブルに関して、家族の一員としてそこから逃れることはできない、すなわち、家族を解消することが可能であるとは考えられない以上は、その問題に対して家族全体で取り組むことが「運命」とみなされてきたことが、今では、家族を解消することによって、その問題を回避するという道が開かれる。

山田によれば、そうした発想が可能になった背景に、家族を自分にとっての「道具」とみなすといった視点の登場がある（同前：p.340）。手に入れた道具が、実は不適合であると判明したなら、別の店に行って、より適合的と思われる道具に買い替えるのは自由だという考え方である。まさに、使い捨て商品の一つに「家族」が割りふられる時代なのである。家族とは、「運命共同体」などではなく、自分にとっての「道具」であり、それが自分の欲求を満たすのに適した道具であることを辞めたなら「捨てちまえ」、が成り立つという「ナルシシズム」の文化である。

八〇年代の家族の微修正の時代に、「近代家族モデル」の維持に向けて措置された「配偶者特別控除」も、二〇〇三年からは段階的に廃止することが決定され、「第三号被保険者の負担免除」の見直しなどは、政府によるナルシシズム的政策変更と考えることができる。というのも、家族のあり方に関する政策的理念の変更といった熟考された発想からではなく、専業主婦と職業についている単身女性との齟齬など、どう見ても不平等な事態が存在することを無視した、近視眼的なその場限りの政策でしかなく、要は再成長路線をめざした短絡的な方策でしかなかったことが判明したからである。家族の多様性という現実を認めるなら、制度主体を個人化せざるを得ないのは根拠のある議論である。だが、そうすることがいかなる波及効果を生み出すかのシミュレーションもせずに目先の困難解決のための方策として政策決定するなら、瞬く間にその限界も露呈することになる。

いずれにせよ、家族の「個人化」は現実の趨勢としては進行しつつある事態である。それをどう評価し、それを食い止める趨勢と考えるか、許容すべきものとみなすか、家族に関する「理念」を政策的にどう打ち立てるかの検討抜きの対策はいずれにせよ、別の問題を導くことになる。ただ、ここで明確になったのは、「企業共同体」の崩壊と対応して、企業に都合の良い「家族共同体」もまた崩壊しつつあるという現実である。

家事労働

落合恵美子によれば、主婦が安心して主婦を続けていくためには、三つの条件が必要とされる。「夫は死なない、夫は失業しない、離婚しない」（落合 1994: p.248）という条件である。少産少死の現代では、病気にならないよう配慮すれば、第一の条件はクリアーできる。しかし、第二と第三の条件は現在では芳しくない。

つまり、専業主婦が安心して主婦の座に居座ることができない今日では、専業主婦と核家族という戦後家族の「標準モデル」はすでに標準であることをやめているのである。八〇年代には、このモデルを微修正しながら、その維持に躍起となってきた政府も、九〇年代には、その方策を放棄するに至る。まず、年金の「第三号被保険者」である、家事労働者としての主婦は、それまで自分の年収が一三〇万円未満の場合、保険金を払わなくても、基礎年金をもらえるという層は今や少数派になった。正規労働に就き、年収一三〇万円以上稼がなくては生計が成り立たない状況になっており、彼らからすると、一三〇万円未満でやっていける主婦との不公平感が増している。さらに、「配偶者特別控除」は、同様の理由によって、二〇〇三年から段階的に廃止されつつある。

微修正時代の政策は、その後さらに矛盾を拡大してきている。専業主婦でも、夫のために家事労働にいそしむ場合には将来年金を受け取れるのに、自分の老親のために仕事につかず、介護や家事労働にいそしむ場合には年金は出ない、という矛盾などである。微修正時代の家族政策は、減量経営ながら、中成長を前提として、「標準モデル」を維持することによって、夫を「会社人間」化しつつ、職務に全精力をつぎ込むことによって難局を乗り切ろうとする企業と政府の思惑に基づくものであった。だが、バブル崩壊後の九〇年代になると、長期の低成長時代に入り、高度成長時代の企業経営や家族政策ではとうてい乗り切ることが不可能であることが明確になる。家族もまた多様化し、「標準モデル」不在の時代になったのであり、そのことを認めるなら、それまでの社会保障や税制の単位としての「家族」は、さまざまな矛盾を抱え込むことになり、社会の基礎単位としての「個人」が浮上してくることになる。

こうして、かつて家族とは、労働の相互の贈与の場であったがゆえに、そこには共同体が、つまり、相互の贈与と互酬に基づいた人格的関係が存在していたが、「戦後家族モデル」においては、家事労働のみが unpaided work（支払われない労働）として一人、主婦にだけ押し付けられた。そして、この主婦を「第三号被保険者」とみなす「救済策」？　もまた現実と齟齬をきたす九〇年代以降の時代にあって、最終的にとりうる手立てとして、品田知美が提示するのが「家事の分散配置」にほかならない。それは、多様な家事を、家族の中で分散するか、家族単位を縮小することによって、家事の対象を分散するかという方策である。前者は、夫婦、子ども、あるいは同居する親などの間で家事を分散し、それぞれが家事労働を受け持つという体制であり、後者は、離婚や三世代同居の解消、未婚化などによって家族形態を縮小することによって、家事労働の負担を軽減するという体制である（品田 2007: p.150）。

前者は欧米では当たり前の体制ながら、日本では古くから提唱されつつ、ほとんど実効性を持つに至っていない方式である。それがだめなら、後者の現場の分散という共同体の解消＝個人化による解決しか残らないが、これこそ、現代の「個人化」の趨勢からして実現される可能性が高いように思われる。

虚構の家族

「個人化」の趨勢は、家事の問題を超えて、家族それ自体の存立の問題へとせまってきている。というのも、「近代家族モデル」の機能不全が高度成長以後、そしてよりドラスティックに九〇年代以後に表面化し、家族そのものの多様化が進む中、新たな家族像が見いだせないままに経済的停滞が進んできている。だが、そうした状況にもかかわらず、家族員の「個人化」は進行しており、妻はパート労働の稼ぎを個人の消費に回し、大学生の息子（娘）は、アルバイトの稼ぎを彼女とのデイト代に費やし、一家の財布はとうに個人化している。

それでも、ホームパーティーや家族旅行は盛んで、そうした家族ぐるみのイベントがようやく一人一人の「家族」としてのアイデンティティを繋ぎ止めているかのようである。藤原智美は、現代は「家族であること」の時代が終わり、「家族をする」ことでしか「家族」を維持することができない時代となった、とする。なぜなら、時代はすでに「個人」を単位とするものとなり、生活活動も、余暇活動も基本的に「個人」を単位として育まれている。「家族旅行の行先はどこにしよう」という問題を家族全員が納得する形で解決することはほとんど不可能である。かつては、一家のアイデンティティを代表するのは父親であることが認められていた。父親が「長崎のハウステンボス」と言えば、個人としては満足できなくても、「父親が決めたのだから」と、個人の欲望を抑えるのが、家族としての暗黙の規範であった。父親は一家の大黒柱だからである。だが、「友達パパ」の時代を経て、個人化の時代になると、「それなら私はひとりで草津温泉に行くから、お父さんとお母さんはそこに行けばいい」という答えもあり、の時代になった。むしろ、そのほうが個人それぞれにとって満足できる選択である。そのことも、互いに分かり合ってしまう時代である。だからこそ、こんな時代には「家族をする」ことでしか、「家族」を維持することができない。「いま『家族をする』ということは『時代と闘う』ことなのである」（藤原 2000: p.159）と藤原は言う。

だからなのか、自分の息子や娘が独り立ちした夫婦はペットを新たな家族として同居させる。ペットは、癒しをもたらしてくれるが、そのペットの愛情に対する対価として小遣いやケータイやゲームといった金銭のかかるモノを要求せず、ひたすらヒトの愛情の対象であり続けてくれる。個人化の時代の新たな「家族モデル」があるとするなら、これこそ究極のモデルなのではないか。こうして、今や、家族は虚構として、したがって、その虚構を演出するその瞬間にのみ成立するものとなっている。いずれにせよ、家族というかつての共同体は、それを支える互酬関係の風化と、徹底した個人化の趨勢の中で滅びつつある。

第四節　教育の変容

学校像の変容

高度成長期の七〇年代前半までは、「学校の黄金期」とされ、学校と教師は人々の夢を実現してくれる担い手として、敬意をもって親しまれてきた。しかしながら、その後、学校を見る世間の目は明らかに大きく変化してきた。というのも、七〇年代後半には、子どもの自殺や、青少年の凶悪犯罪の報道のされ方が従来とは異なって、学校外の問題ではなく、教師の対応のまずさや指導の不十分さなど、学校と教師それ自体が原因として言挙げされるようになるからである。青少年の病理現象は、今や学校的秩序のうちに原因があり、そうした学校秩序からの離脱を容認するような風潮が生まれてきた。

学校に対する世間の評価がそのように変化した背景にあるのは、夢みる「豊かさ」と教養・文化水準の上昇がなお実現されない段階では、その夢を実現させてくれるはずの学校は、それゆえに正当化されてきたということである。その段階から高度成長後の七〇年代後半の経済・文化水準が一般の人々にも達成され、国民の大半が「中」意識を持つに至るや、学校や学校が提供してくれるものには「ありがたみ」がなくなる。つまり、学校に対する世間の評価が変化したのは、学校が変わったからではなく、学校を見る世間の目が変わったからである。学校は、それまでのように「ありがたいもの」であるものから、「抑圧的なもの」と感じられ、評価されるようになった（広田 1996: p.161）。

さらに、経済的余裕を手にした親は、それまでのように子どもを近所のガキ大将に任せて仕事に打ち込むのを止めて、自分の子どもを個室に閉じ込め、勉強させるか、塾に通わせたりして、子どもの時間を拘束するようになる。また、それまで学校の内部のことには無関心だった親たちは、学校内部の出来事に関心を持つようになり、学校に対してさまざまな矛盾しあう要求を突き付けるようになる。「学校でもっとしつけてほしい」とか「しつけは家でやるから、学校ではもっと勉強させてくれ」というように。後年、「モンスター・ペアレント」と称されるようになる、クレーマー化した親の出現である。

こうして、高度成長期とその後とで、変化したのは、学校と親たちとの力関係のバランスである。かつては、「無知なる親たち」と「啓蒙的な教師」との関係が、今や「子どもに対して責任のある親」と「親の教育方針を引き受けるべき教師」という関係へと変わったのである。それまで、子どもの夢を叶えて、豊かさを実現してくれるはずの学校は、今や豊かさが実現されてしまった以上、「希望の場所」ではなくなった。さらに、親たちの中には、教師以上の学歴（学校歴）を持つ者も現れて、教師の権威はかつてのようなものではなくなった。かえって、学校への監視の目は厳しくなり、旧来の指導や慣行は批判にさらされるようになる。

学校の機能の維持

だが、八〇年代の減量経営期には、なお学校はもっぱら企業への人材補給ルートとしての選抜機能を保持してきた。〈仕事－家庭－教育といった循環するシステム〉（本田由紀のいう『戦後日本型循環モデル』）に組み込まれつつ、経済社会の要請に、学校は応えることが可能であった。高度成長期に確立した、雇用労働の拡大、近代家族化の進行、進学率の上昇が循環するシステムは、すでに触れてきた経営側による「日本的経営」と「会社主義」的強化と、それを後押しする専業主婦の優遇策に対応した学校的機能の維持であった。それは、減量経営期における労働者側の競争意識の強化や、専業主婦の側のパート労働者化による厳しさを増す家計への補助に対応して、子どもたちの学歴競争のさらなる激化を生み出すことになる。企業社会化した日本の夫と妻と子どもたちの循環モデルに組み込まれているが故の適応がそれらを生み出すことになる。

それゆえ、八〇年代には「管理教育」と言われる規律訓練型の教育方法が採用されることになる。多くの学校では、学内ばかりでなく、学外の日常生活に関する細かい規則で子どもたちを規制し、体罰も不問視され、内申書を脅しに使ってでも規則に従わせようとした。「いまの学校は、子どもを教育するというより、ただ管理し、従順さのみを要求した事なかれ主義の人間だけを養成し、……一方では相も変らぬ受験競争で追いまくられ、楽しかったはずの学校は、いまや監獄並みの不自由と苦痛とを強いられているのである」（神ほか 1985: pp.14-15）。学校は八〇年代家族と

同様、高度成長期の「戦後日本型循環モデル」の維持にこだわり続け、そのための強権的な管理をめざすものとなった

だが、八〇年代半ば以降になると、子どもという存在は、消費社会化の中で（生産者としては予備軍であり、半人前であったのが）消費者としての一人前の地位を占めるようになる。これに対応して、子どもも一人前の「人権」の担い手として扱われるべしとする主張、すなわち「教育の中の人権」というイデオロギーがヘゲモニーを握るに至る。この、消費社会化や親のクレーマー的変貌を前に、学校はかつての聖性を失い、サービス産業の一翼を担う存在へと貶められることになる。

循環モデルの機能不全

続く九〇年代の低成長時代には、企業による雇用リストラや、新規学卒者の採用の停滞などによって、〈仕事－家庭－教育の循環モデル〉に機能不全が引き起こされる。企業は新規採用を抑制し、様々な非正規雇用へと転換し、既存の正規雇用の社員にサービス残業を含む長時間労働を強いることになり、雇用の不安定も増加した。

さらに賃金は伸び悩み、それが従来の「標準家族」の足元を直撃し、主婦はパート労働者化を開始する。そして、次世代の非婚化、パラサイト化、少子化を加速することになった。経済環境

の厳しさは、家族間の経済格差を広げ、教育費の高騰とも相まって、子どもへの教育投資にも大きな格差が生じるようになってきている。過剰な教育投資ができる家族と、それが不可能な家族。このいずれもが、それまでの循環モデルを逸脱することになる。前者は、中高一貫校からアメリカの大学への進学を決め、後者は、高校を中退してアルバイトに励むことになる。循環モデルは、基本的に高度成長期の企業社会に適合的なシステムなのであり、企業のあり方がそれまでのようにいかなければ、当然その機能は不全化しないわけにはいかない。しかも、新自由主義的な「能力主義」イデオロギーがかなり浸透してしまっているため、「自己責任」という意識がいわゆる「勝ち組」だけではなく、「負け組」にも共有されてしまい、前者は自分の努力と能力で勝ち取った成果を負け組に再分配するなど考えられないとし、後者もまた自分の苦境は自分に責任があると自己否定しがちになる（本田 2014a: p.75）。

サービス産業化と新自由主義

こうして、九〇年代以降の教育の現場は、とりわけ高度成長時代の、国家による教育統制と、これに対する教師と国民による教育の自由を巡る対立から、教育を供給する側（国家、学校、教師）と、これに対する教育を受け取る側（親、子ども）の対立へと変化する。つまり、需要側＝顧客は、供給側のサービス内容を評価し、選択するという関係になった。あきらかに、教育は、教育サービス産業という消費社会化の一翼を担う機関となったのである。これが新自由主義のいう教育の民営化という改革の帰結であり、教育をサービス産業へと切り替え、効率化を図る一連の改革の対象とするものである。

消費社会化の中で、商品の記号的差異に敏感になった子どもたちは、学級内で相互の差異に基づいて他者を排除することを通じて、自らのアイデンティティの確保をめざすようになる。それは「スクールカースト」と呼ばれる学級内の特殊な上下関係に基づく秩序の形成となって立ち現われている（木村 2015: pp.157-158）。高度成長期を通じて、学級共同体は互酬的な、相互の協力関係を醸成する場であり、結果としてそこでは子どもたちの同質化を進めることになった。そして、それは高度成長期の日本社会には適合的な関係の学習であったといえよう。しかしながら、企業も（正規と非正規）家庭も（家族間格差）差異化され、差異化を前提として消費社会化が進められてきた中で、学校だけが例外というわけにはいかない。子どもたちも、その差異化（格差化）の中で自らのアイデンティティを確保するほかないのである。そして、九〇年代に入ると、管理教育の見直しの流れが生まれ、「管理教育から人間教育へ」、そして「ゆとり教育」へのうねりとなっていく。そこでは、「自分らしさ」や「個性」が重視され、教育の世界における「個人化」が進行し、そのことが逆機能的に「学級崩壊」の引き金にもなってゆく。

そして、この「学級崩壊」と呼ばれる現象を、「一人担任制」による「学校低学年」児童の「授業不成立」という現象に限定して問題にする尾木によれば、「学級崩壊」が全国一斉に話題になり始めた一九九七年という時点は、保育園（一九九〇より）や幼稚園（一九八九より）において始まった「自由保育」路線との関連が指摘されている。そこでは、かつての「一斉保育」が姿を消し、子どもの個性と多様性の尊重へと方針転換されたという。小学校の学級はそのようにしつけられた子どもを受け入れる体制になっていないわけだから、移行途上の子どもたちが激しく反応するのは当然である（尾木 1999: p.160）。

さらに、その背景にあるのは、その子どもたちの親世代が消費文化の中で育ち、共同体験が乏しく、集団性や耐性に無縁で生きてきたことにあるという。親自身に協調すること、我慢することが分からなくて、個性的であれ、と保育園でしつけられた子どもに対処するすべがないのも当然と考えられる（同前 : p.150）。

ここでは、かつて、豊かではないがゆえに、集団で事に当たり、集団だから自己の欲求を抑え、他者の期待に敏感になり、相互にその期待に応えるべく贈与の気配りを持ち、かくて「共同体」を構成してきた日本的社会の営みが消えてしまい、個人としての自由を獲得したが、その自由を如何に発揮するかについては盲目のまま（それは、なんでもしてもらう、という自由でしかない）で戸惑っている「大人になれない」（つまり、「してもらう」のは、子どもであり、「してあげる」のが大人である）子どもたちがいる。

影のカリキュラムの消失

ところで、かつて地域共同体や家庭において機能していた教育能力は、つとに枯渇し、「学級王国」として固有の「学級共同体」を築いた日本では、そうした教育能力は「生活指導」の名のもとに引き継がれたかに見えた。だが、地域の解体、多様な年代からなる遊び仲間の消失、そして家庭における少子化の波は、相手の身になって感情移入するといった互酬的感情の機会を激減させ、それを鍛える場を消失してきた。

それゆえ、今の子どもたちが、自己防衛的な敏感さはあるが、相手の心情を感受し、相手のために配慮するという感覚に乏しくなるのは、ある意味必然である。仲間を求める気持ちはあるが、その相手との関係の作り方がわからず、ただ「群れ」ているのがほとんどだ。かといって、西欧的な個人主義の素養は身に着けようもない。自分の欲求に身を任せるのが「個人の自由」と考えているとしか思えない。

実は、こうした「日本的心性」の消失は高度成長期の只中からすでに始まっており、学校の正規のカリキュラムではなく、集団行動や小グループ活動、授業外の掃除や給食時の役割行動における、生徒同士、生徒と教師との間で機能してきた「影のカリキュラム」の機能不全はすでに始まっていたとする指摘もある。

「一九六〇年代後半が近代日本社会の終焉のはじまりの時代である」（竹内 2011: p.85）と、竹内は指摘する。なぜなら、その時代に影のカリキュラムを培ってきた、世間体、恥、恩、義理などのリアリティが消失したからである。この一九六〇年代以後の生まれは、後に「新人類世代」と呼ばれるようになる世代である。確かに、それ以前のいわゆる「団塊の世代」には、戦争体験はないが、戦後の困窮した生活体験は身についている。まさに「貧しさ」ゆえの互酬性の感覚が必要なくなる時代の幕開けに「新人類」は生まれたといえよう。

そして、こうした傾向の延長線上に、この「影のカリキュラム」の舞台となる「学級」や小集団（班）単位の活動が、生徒の側の個別的多様性を認める結果としてうまく機能しなくなる事態が、九〇年代以降に急速に広がる。というのも、子ども同士の感情移入能力の育成は、結果としてお互いに分かり合えるという意味での同調を生み出すことにつながり、かつてはそれが貴重な関係として評価されてきた。ところが、そんなことより、子どもたち個々の多様性を重視するということは、「内輪の行動原理が通じない」（恒吉 1992: p.162）ことをよしとする教育であり、そこからは緊密で、互いに分かり合おうとする集団原理は崩れてゆく。先に見た「学級崩壊」を生み出す前提がここでも「個性の重視」の名のもとに設定されているのである。

同様に、かつての子弟の関係において成立していた「温かい声援を送ってくれる人の恩義」とか、「わが師の恩」に応えねばならぬという「負い目意識」すなわち「義理」の感情というものは、やはり高度成長の「豊かさ」によって弱体化した、とする指摘もある。「豊かさ」や「快楽志向」

は、励ましや特に説教を「余計なお世話」としか感じない心性を育む。そこでは「『わが師』に負い目を感じるようなコード解読能力は次第に弱体化した」（柳 2006: p.186）とされる。かといって、すでに立身出世といった成功物語は、〈仕事－家庭－教育の循環モデル〉の機能不全以来、リアリティを喪失してしまった。

こうして、学校における「影のカリキュラム」に託された感情の互酬性による共同体的関係の育成と、他者を思いやる教育の機能はますます希薄化していく。それはまた、子どもたちの世界だけではなく、すでに教師の世界にも浸透してきている。

教育サービス産業従業員

二〇〇〇年に入ってから「民間人校長」の採用、特別免許状による人材登用の促進、教員の民間企業での研修、塾講師による補習授業などが進行し、教職の脱専門職化が進んだ。それは同時に教職のサービス産業化の進行でもあった。それらは教員の権威をさらに失墜させる効果を持っていた。

その上、二〇〇一年に「公務員制度改革大綱」が閣議決定され、現行の勤務評定制度を能力評価と業績評価による新たな評価制度に変えることが含まれていた。これは企業における「成果主義」の導入に対応した新自由主義的な教育政策の一環である。

こうして、成果主義に縛られ、サービス産業化した教育世界では、生産者である学校や教員より、消費者つまり顧客である保護者や児童の方を重視することになる。そして、「影のカリキュラム」を通じて細々と育成されてきた全人的教育は希薄化し、偏差値を一元的評価基準とした「競争」が児童の世界に蔓延するように、教員世界でもかつての「同僚関係」は希薄化し、競争がはびこるようになる。そこでは、教員世界の共同体的連帯は消失し、一方での官僚制の進行と、他方での「個人化」が進行する。

かつて、一九六〇年代に「サラリーマン教師」の出現が問題化されたことがあるが、それは「マイホーム主義」という私生活優先主義の風潮が、教員世界にも浸透した現象の一つであった。このたびの「個人化」の現象は、明らかに新自由主義的な教育政策によって、意図的に作り出された現象である。いずれにせよ、児童と教師という教育の世界からも「共同体」的関係は、ますます希薄化し、「個人化」が進行することになる。

学校の虚構化

八〇年代までは、学校は、高度成長期の「夢」のなごり、すなわち黄金期の余韻に浸ってきた。なぜなら、「真面目に仲良く一生懸命努力すれば、成功して、幸せになれる」とか、「将来のために、今は頑張ろう」といった言葉が、子どもたちにとって、なおリアリティを持っているかのように思い込んでいたからである。というか、そう教師が思い込まない限り、子どもたちを自発的にさせるすべが見当たらなかったと言えよう。その間、新自由主義的な教育政策による成果主義的な評価にさらされ、他方では、保護者や児童のニーズに合わせた多様なサービスの提供に追われることになる。

だが、当の子どもたちには、「将来のため云々」といったスローガンは、すでに意味のない、現実離れした、したがってリアリティ無きものへと化していた。確かに一部の子どもたちにとっては、このスローガンは、かつて以上の厳しさを持って迫るものがあったであろう。それだけ、現実は厳しいものとなったことが明らかだからである。大学を出たからといって、非正規の労働者にしかなれない現実、確実に大企業の正規社員になるには、それなりの有名大学を出なければ、といった話を常々親から聞いているだろうから、厳しい現実に気づいて、そのスローガンの真実をとらえているのかもしれない。だが、圧倒的に平均的な子どもたちにとって、夢見るような「将来」など、すでに枯渇しているということくらいは、それぞれの家族生活の中で知り尽くしている。そんな「将来」のために、なぜ、この貴重な「今」を犠牲にしなければならないのか、と彼らは思っている。

そんな、彼らにとって、学校はすでにリアリティなき虚構の場でしかない。そんな彼らを自発的な学習に導くためには、試験や受験を彼らの好きな虚構であるゲームにしてしまえばいい。かってのような詰め込み式の参考書ではなく、「必勝法」スタイルの受験指南書や、受験小説、また試験問題を、試験を作成する側と受ける側とのゲーム的駆け引きとして解読する方策などを駆使して、ゲームへと彼らを引き込みさえすれば、彼らは自発的にゲーム＝受験勉強にのめりこんでくれる（稲垣 2000: p.160）。

子どもたちは、放課後には、この学校という虚構の世界から出て、ほぼどれも同一規格の、ちょっとそれぞれの個性をひけらかすかのような差異を装飾した郊外の住宅に戻り、休みの日にはテーマパークと化したショッピングモールをうろつき、家族でディズニーランドに出かける。日常がすでに虚構世界と化しているのに、学校と、その後の社会だけは、あのスローガンが意味を持つ「現実」だとは思えない。だから、そう、学校も日常の虚構世界の延長だし、受験もまたそんなものなのだから、ゲームセンターでゲームを楽しむのりで、受験勉強をこなしてしまえ、という指導のほうが、子どもたちは自発性を発揮するのではないか。これが、ゲーム感覚の、現代風の「必勝法」の背景なのである。

かつて、『戦後日本型循環モデル』に基づいて、日本社会の共同体的関係の再生産を担っていた学校教育は、表面上の学力競争を強いるカリキュラムの背後の「影のカリキュラム」によって、互酬的人間関係とその心情を内面化する装置として機能していた。だが、ポスト成長期の、とりわけ九〇年代以降の「新自由主義」的な教育政策、「効率性」重視の政策の貫徹は、企業や家庭のみならず、学校教育の機能不全をも引き起こしてきた。学校は、かつての「立身出世」の「夢」を望む場所ではなく、「夢」の持てない受験競争の場でしかない。その現実の過酷さから避難するためにこそ「学校」はいまや「虚構」化されざるをえない。そうした現実と虚構の関係は、次に見る現代のマツリ風景にも反映されている。

第五節　イベント化するマツリ

四全総からふるさとへ

高度成長後には、まず、大きなマツリのなかった大都市や郊外のベッドタウンでマツリが生み出された。一九七六年には宇都宮のふるさと宮マツリ、七七年には千葉市民フェスティバル、浦和おどり、ひろしまフラワーフェスティバルなど。そうした流れを活用したのは、一九八七年の四全総であった。それは「多極分散型国土の形成」を謳って、イベントの活用を個性豊かな地域づくりのための施策として打ち出した。さらに、その翌八八年に発足した竹下内閣の下で「ふるさと創生論」が提唱された。それは地方の活性化をめざした政策として、各自治体に一億円を配布する「ふるさと創生基金」を実施し、注目を集めた。

そこから、ふるさとを持たない都市民たちに「ふるさと」を商品として売り出そうという「ふるさとビジネス」が登場した。今日の「町づくり」「村おこし」は、ふるさとを商品として売り込むビジネスの一環として始まったのである。それは、金さえ出せば、新たなふるさとを買うことができる、という代物であり、ふるさとはあからさまに金儲けの手段として扱われるようになった。かつて、選択できない「縁」としてあったふるさとは、今や金という手段さえあれば、手に入る「消費財」へと転落したわけである。

その後、一九八九年には、全国三九市が市制一〇〇年を迎え、地方博が相次いだ。九二年には「おまつり法」（地域伝統芸能等を活用した行事の実施による観光及び特定地域商工業の振興に関する法律）が制定され、それを契機にマツリとイベントの最盛期を迎えることになる。ちなみに、一九八六年三月から八七年二月までの一年間の全国自治体のイベント数は三一〇四件に上ったが、一九八八年三月から翌八九年二月までの一年間のそれは九四六六件を数えるに至った。まさに、マツリ、イベントの大バーゲンである。

「選べない縁」から「選べる縁」へ

だが、マツリがイベント化する、という事態の背景にあるのは、それが消費社会の体験型消費向けの「商品」となった、という消費社会化の進展ということだけではない。むしろ、先に見てきた「個人化」、とりわけ山田のいう「本質的個人化」の広範な浸透という背景である。山田が指摘していたように、伝統的に「選べない」はずの縁としての、親子、夫婦の縁は今や「選べる」縁へと変質した。同様に、かつて「運命共同体」と呼ばれた、企業と社員との関係も、いつ雇用リストラの対象になるか、戦々恐々する今日にあっては容易に「選べる」縁と化している。それは「転職サイト」の盛況ぶりを見れば納得できる。学校は、これまた社会に出るための「通過儀礼」の場と化していた。地域はふるさととして、資金をもつ「縁もゆかりもない」誰にでも売りに出されている。

すでに高度成長期にあってさえ、若者が都市部へと流出して過疎化した地域の伝統的なマツリは、担い手の不足から、簡略化したり、中止せざるをえなくなる事態を迎えていた。都市部の場合も例外ではなく、神輿の担ぎ手が不足し、「神輿同好会」の会員に頼らざるを得なくなっている。ちなみに、高知の「よさこい祭り」では、踊り子を一般募集によって集めているが、平均二万円の参加費を払って応募する。いわば「マツリ体験」を商品として購入しているわけである。しかも、好みのグループを自分で選んで参加することになっている。その彼らは、一人で応募することは少なく、数人の友人のグループで応募してくるが「練習時、祭り当日、解散時を通じて、友人以外のメンバーとほとんど会話を交わすことがなく、まして、お互いの名前や身分を知ることもないという」（阿南 1997: p.99）。つまり、個人として、「マツリ体験」を一つの快楽消費の商品として購入するが、確かに一人だけで参加するというのは、それなりに勇気のいることであり、したが

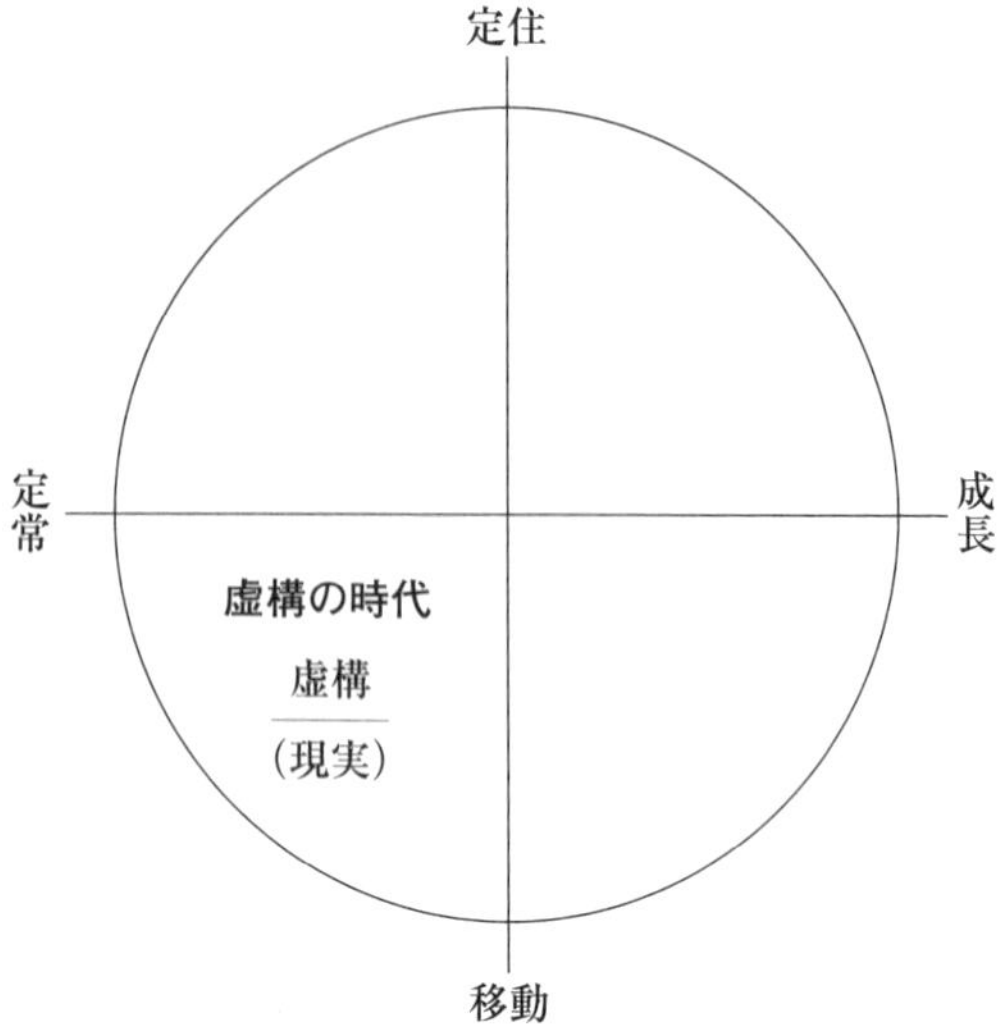

図 3-1　ポスト成長期の日本社会の位相

って友人数人で購入して「体験」を楽しむが、それは自己の個人的「体験」であって、他者とそれを分かち合おうといった気持ちは微塵もない、といった「個人化」された体験となっている。

いずれにせよ、かつてマツリは、共同体の日常の共同性を確認、強化する機能を果たすものであった。そこに神への「贈与」という契機がどのように関与するかについては、第一章で説いておいた。それを別にしても、日常のケを共有するメンバーが、非日常のハレを共同で演出し、そこで無礼講といったケでは認められない乱痴気騒ぎの興奮状態を作り出し、相互の個人の殻を脱ぎ捨てて交流を深める機会（コミュニオン）であった。マツリが終わり、日常のケの状態に戻った場合にも、そのハレの交流の余韻は残り続けたに違いない。それが、ケの共同性の確認、強化の機能であった。だが、流動性の高い現代では、「地元」のメンバーがハレとケを共有する機会は薄れた。だから、外からメンバーを募って、マツリを実行せざるを得ない。しかし、それは、本来のマツリの機能という点では、ほとんど意味をなさないことになる。というより、現代のマツリは、そもそも、イベントとして、集客と経済効果を中心に開催されていると考えるのが筋であろう。むろん、それは主催者側にとっての側面である。そして、「よさこい」に参加する踊り手の動機はこれとは別である。参加費を払ってでもわざわざ遠方から、縁もゆかりもない高知まで交通費や宿泊代を払ってまで参加する若者たちの動機は、まさにリアル＝現実から抜け出して虚構としてのハレを体験することにある。こうして、ポスト成長期にあって、地域も家族も学校もマツリですら「虚構化」しつくされてきた。見田の言う「虚構の時代」（図三－一）となった。

こうして、高度成長期には、かつてのムラの互酬的関係の中心を担い、社会統合の基軸となったのは「企業社会」であった。そして、この中心から、「家族」へ、「家族」から「学校」へ、そしてまた「企業」へと『戦後日本的循環モデル』は順送りに日本社会の互酬的関係の再生産を実現し、それがまた日本企業の強みともなった。このモデルの発案者である、本田由紀によれば、教育、仕事、家族の三領域における組織、集団特性とは、「対外的には厚い殻をもち、対内的には強い凝集力と同調圧力をもつという特性を備えていた」（本田 2014b: p.21）とされる。言うまでもなく、それこそ「共同体的特性」にほかならない。そこで、ここでも個人の自由と共同体的拘束との対立といった問題が生じる。この点は、「共同体と個人」に関わる論点が必然的に引き受けざるを得ない問題だが、第三章で紹介したベックに依拠した山田の「第一の近代、第二の近代」論に従うなら、高度成長期における、その問題は、「選べない縁」としての「共同体」（社縁、血縁、地縁）と個人の自由の関連に関わっている。それゆえ、問題解決は、その関連の中身を如何に個人の不利にならないようなものにするか、に掛ってくることになる。例えば、「家父長的」な家族共同体を、「友だち」的家族関係に変更する、といった解決がその一例である。だが、ポスト成長期の場合は、「第二の近代」における、山田の言う「本質的個人化」を前に、あらゆる共同体的「縁」が「選択可能」なものへと変質してしまったことが前提となる。そこでは、当の問題自体が消失してしまっている。というのも、「共同体」的「縁」が不在となっているからである。おそらく、その問題が最もその本来の意味を持ち得た時期こそ八〇年代にほかならない。八〇年代には企業の場合、共同体的な企業への一体感を強化しつつ、個人競争を煽るといった矛盾した対策によって危機の乗り越えを図ろうとしていたからである。学校の管理強化も同じ路線の延長上に位置づけることが可能である。明らかに、企業や学校といった「共同体」にあって、いかに個人の「自由」を確保できるか、が重大な問題となっていた時代である。だが、九〇年代以降になると、企業も学校も、この共同体としての体裁から撤退し、個人的競争のみを重視する方策に移行する。つまり、日本社会の解体が始まったのである。こうして、「共同体と個人」を巡る問題は、それがどのような歴史的段階におけるものかによって、その様相は一変する。すくなくとも、成長期とポスト成長期では、問題の立てられ方が変化せざるを得ないのである。

ところで、話を戻すと、高度成長の終焉とともに、この『戦後日本的循環モデル』の好循環は、悪循環へと転落する。まずもって、中心における職場内の互酬的関係が崩れ、過労死者が年間一〇〇〇名も生み出されるような過酷な現実が目の前に現れる。それを回避できる非正規雇用の若者にとっての未来はこれまた「夢」を持てない不安に満ちたものでしかない。「夢」もなく、現実と言えば、ただ耐え忍ぶだけの不安定な場所でしかない。ならば、そうした現実から切り離された「虚構」の世界に身を置いて、現実から目をそらすしかない。ディズニーランドのリピーター、「よさこい」の踊り手は純粋な「快楽」を求めて「虚構」世界にこもろうとする。

だが、逆もある。現実世界があまりに「虚構」化されてしまい、生身のリアリティを実感できないことへの慄きは、若者を「リストカット」へと誘う。肉体の痛みの中に「リアル」を感受したいがために（大澤 2008: p.4）。この点で、私が想起するのは、私が小学三、四年生くらいの時に、母方の新潟の実家に遊びに行ったとき、夕暮れの茅葺屋根の農家の縁側で、しわだらけで体の縮んだ祖母が言った言葉だ。「修一。生きるということは、難儀なことなんだぞ」。もとより、それは方言で語られたので、そのままに再現はできないが、意味はそういったことだ。よくよく苦労しかなかった人生であることは後年、たびたび母から聞かされていたが、どういう文脈で祖母がそんなことをつぶやいたのかは不明だ。だが、鮮明に覚えている。なぜそんなことをひけらかすのかと言えば、明治生まれのムラ育ちの祖母にとって、耐えがたい「苦しさ」「辛さ」こそ、生きていることとの実感だったからだ。平成の現在、若者が生きていることとの実感（それが無いことが問題なのだが）を求めて「リストカット」を繰り返すという図式とは実は一八〇度反転した光景がそこにある。現代における「リアリティ」のあり方こそが問われるべきなのであろう。

かくて、日本社会は死滅した。残っているのは残滓である。そこには、義理、人情、恩情の切れ端すらない。互酬が成り立たない世界？　まさに、「お互い様」が通用しない世界。弱者、すなわち、九〇年代の就職氷河期に大学を卒業したものの、正規の雇用に恵まれないまま非正規雇用に身を置いた多くの若者たちは現在四〇歳代に差し掛かっているが、経済的難局故に、その多くは未婚者である。そうしたいわゆるアンダークラスを「自己責任」の名のもとに放置し続ける現在の日本社会は「社会」の名に値しないであろう。社会としては死滅しているというのはそういう意味である。

第四章

転換点と再生の兆し

バブル時代のジュリアナ東京で踊る女性たち
写真提供：共同通信社

第一節　消費の個人化

資本主義と大衆消費

バタイユ的蕩尽の理論は、人間経済に関する、通常の経済学から決定的に逸脱した発想から出発する。通常の経済学は、希少な、限定された資源を有効に使って、人間の欲求充足の最大化を図るためのものとされる。だが、バタイユにとって人類の生み出す資源は、常に必要を超えており、むしろ問題はその「過剰性」の扱いであり、それ如何によっては、社会や人間精神に多大なひずみと邪悪とを生み出しかねない点にある。近代以前の社会では、そのため、この過剰を、皆の前で消尽し、破壊してきた。あるいは、神や祖先の霊に対して、純粋贈与することで、処理してきた。そして、これこそ、祝祭の本質であると、バタイユは考えた。

だが、こうした視点から近代資本主義を見直すなら、そこでは過剰は消尽されることなく、蓄積される。蓄積された富は、次の再生産のサイクルに上乗せされる。いうまでもなく、これが、資本主義的な、拡大再生産であり、そのより規模の大きくなった再生産からは、より多くの過剰が生み出されることになる。

ところで、資本主義は、そもそも、ヨーロッパ、アジア、新大陸といった国際的な文明圏の交錯の中から生まれ、とりわけヨーロッパを中心とした領土の拡張を介して、欲望の海外への拡張、いわば「外部」のフロンティア化をばねに拡大を続けてきた。だが、海外を領土化することは、それを「内部」化することであり、この運動の拡大は、「外部」を食い尽くすことによって限界に達する。これが一九世紀までの資本主義の運動であった。

これに対して、二〇世紀の資本主義はこれまでとは異なるフロンティアの開拓に向かう。その象徴が「フォーディズム」である。そこでは、「大量生産－生産性向上－賃金上昇－需要増加－大量消費－大量生産」といったサイクルが生み出される。しかしながら、一九二〇年代にフォードの大量生産方式はＧＭによって、マーケティングを介した消費者の好みによりそうモデル・チェンジに代わられる。その上で、大量生産、大量消費が引き継がれることになった。そして、このフォードにせよ、ＧＭにせよ、それらが一九世紀型資本主義と大いに異なったのは、それまでのように、海外の物産と国内の富裕層とを仲介するのではなく、国内の大衆向けに、国内で製造した商品の大量生産、大量消費の回路を創り出したことにある。

佐伯啓思によれば、ここで、資本主義の「欲望」は「外」に向かうことをやめて、「内」に向かい始めたとされる（佐伯 1993: p.142）。そして、そのことによって、はじめて大衆が経済の表舞台に登場し、「消費者」の概念もそこから生まれた。日本の場合で言うなら、「外」に向かう資本主義の運動は、戦前までの領土拡張と「大東亜共栄圏」の構想の原動力になり、「内」のフロンティアへの転換こそが、戦後の高度成長の原動力になったと考えられる。そして、七〇年代後半以降の流れの中で、この「内」のフロンティア自体が限界に達しつつある。このターニング・ポイントとして、佐伯は「八〇年代」を指示している。「八〇年代は、一見したところ、資本主義経済はきわめて活発で活況を呈していた。だが、実際にはこの『内爆発』が限界に達しつつあった時代だったようである」(同前:pp.159-160)。八〇年代はバブル経済へと向かう活況を呈した時代という表向きの顔の裏に、バブル崩壊後の状況を規定する様々な隠された要因が見え隠れしていた時代なのであった。

「モノ」離れの時代

この高度成長後の時代には、大量生産、大量消費によって、都市部と地方を問わず、家庭の中にはモノがあふれかえり、モノに対する欲求はほぼ充足し尽くしたように思われた。そこから、九〇年代以降の長期に渡るデフレの時代が始まり、モノが売れなくなる今日に至る低成長の時代へと引き継がれることになる。では、八〇年代に資本主義はいかなる転換点を迎えたのであろうか。佐伯はこれを、「外」から「内」(社会)、そして「自分」という個人をフロンティアとする転換点であると指摘している(同前:p.164)。これが、八〇年代における「大衆」の終焉と、「分衆」や「少衆」の登場と言われ、「個性化」の時代と言われてきた根拠であり、その場合の「個人」とは、言うまでもなく大衆消費社会という文脈で言うなら、西欧の「個人主義」的な「個人」ではなく、自己中心的で、自己愛的な、ナルシシズム的「個人」の登場ということになる。

その様相は、マーケティングの世界から「消費者が見えない」という苦言が聞かれる事態となって現れた。同じモノなら、誰でもすでに所有している時代になってしまった。だから、「誰も持っていない」モノ、として、迅速なモデル・チェンジ、ちょっとした差異としての付加価値、高速のスクラップ・アンド・ビルドといった「多品種少量生産」から、他者のモノとの些細な記号的差異にこだわる「記号消費」へと消費の対象は様変わりした。だが、いくら差異にこだわってモデル・チェンジしたモノでも、それらを入れる「ハコ」がすでに満杯になってしまった。「ハコ」(住居)が満杯になった都市部では、トランク・ルームなどにもモノがあふれ返っている。いわば、「家族」向けのモノは、すでに飽和状態を超えてしまった。

そこから、今日の消費者は、「モノ」から「コト」へ、つまり、かたちある「モノ」から、かたちなき旅行や観劇、美術館あるいはイベントめぐり、といった経験する「コト」の消費へと方向転換を図ってきている。しかも、それらの「コト」消費は、かつてのように「家族旅行」という家族団らんを演じるためのに、いわば家族の「儀礼」として行われていた行事としてではなく、あくまで「個人」としての「自分」の嗜好にあった「コト」として選ばれ、消費されるようになってきた。だが、この徹底した消費の「個人化」が、いかなる意味で時代の「ターニング・ポイント」を形成することになるのか。それは佐伯のいう意味での「経済的」な現象を超えて、極めて「社会的」

な現象、すなわち、ここで問題としている「日本社会の死」と深く結びついた現象を生み出すメカニズムを胚胎するものである。

個人化する消費

こうして、高度成長後の消費は、ますます個人を単位とするものへと変化していった。これまでは、消費の社会的単位は基本的に「家族」であった。だが、家族を単位とする「モノ」はほぼ充足されてしまった。衣類などはタンスにあふれかえっている。電化製品は新たなものを購入しても、入る場所すらない状態である。

主婦たちは七〇年代後半以降、パートタイマーとして働き始め、家計の補助が目的ではあるが、同時に自分のために消費するお金を稼ぐことにもなった。その使途は、家族のための消費ではなく、自分の欲求を満たすための「こだわり」消費に向かった。そして、この間、家族の一員として六〇年代半ばから後半に生まれた「新人類」世代は、一九八三〜八九年に成人を迎えることになり、その多くが「パラサイト・シングル」化する。一九八〇年の二〇〜三四歳のパラサイト率は、男性三二・九パーセント、女性二六・一パーセントであり、九〇年には、それぞれ四四・六パーセント、三八・八パーセントと拡大している（三浦 2012: p.63）。彼らは住居費や光熱費の支出なしで、純粋に自分のための消費を活発に行える立場にあった。その彼らが自分のため、自分のアイデンティティを求めてする消費が「差異」を求めての消費であり、いわゆる「記号消費」である。それは自分を他者とは異なる存在として際立たせ、自分のアイデンティティを表現するための消費であった。

「直美は、洗いざらしたリーのジーンズに、リネンでできた仕立てのいいラウンド・カラーのシャツを着て来た。化粧道具や、着換えを詰め込んだ彼女のルイ・ヴィトンのバッグは、それまで私が見たこともないくらいに、おおきなものだった。初めての仕事だからと、アルファ・キュービックで買ったワンピースを、めかしこんで着ていった私と違って、いかにもモデル慣れしている感じがした」（田中［1981］1985: p.18）。田中康夫の『なんとなく、クリスタル』の一節である。冊子の右が本文、左がすべてブランドの解説などに充てられた珍しい装丁になっているが、この小説自体が当時の無数のブランド品のカタログとなっている。八〇年代の「山の手」の大学生の生態に目を見張らされる内容である。

八〇年代の中成長はこれらを可能にしたし、それはバブル景気にあおられ、ますます拍車をかけられることになる。さまざまなブランド品が若者によって消費され、店舗もまた、家族単位の「スーパー」から「コンビニ」へ、そして、モノの消費からサービスの消費への流れを受けて、外食産業がチェーン店を拡大していった。こうして、家族単位の消費から個人単位の消費へと、消費のあり方が大きく変化し、「自分らしさ」を求めてのこうした消費は、当然、生産側の「多品種少量」

生産を喚起する。そして、それを可能にする生産システムは、すでに、トヨタの「ジャスト・イン・タイム」方式として開発され稼働中であった。それは、必要なモノを、必要なとき、必要な量を生産するためのシステムであった。これに、「多工程作業者」による「小ロット生産」や工程間で生産量情報を流す「かんばん」方式などを組み合わせて、細分化された需要に合わせて、多品種のモノを供給する体制が完成する。

こうして、高度成長期までの消費とは異なり、消費の主体としての「個人」が表舞台に登場することになった。しかも、高度成長期の後期となる七〇年代には、すでに家庭内には「モノ」があふれ返り、人並みの「モノ」はすでに充満していた。そこで、機能的には変わらないが、デザインやカラー等、記号的な差異によって、個人の「自分らしさ」に訴えるような製品作りが主流になる。こうした記号的差異としてのブランド志向が八〇年代には消費のトレンドとなり、上野千鶴子のいう『〈私〉探しゲーム』（1992）が登場する。それは「自分らしさ」を、モノの記号的差異を身にまとうことで表現し、他者の羨望のまなざしを自分に向けさせることによって、自己承認を獲得しようとする戦略である。だが、八〇年代を通じて、この華々しく喧伝されたトレンドに、多くの人は疲れを覚え始めてもいた。それを示すのが、内閣府の「国民生活に関する世論調査」（図四－一）で、今後の生活の力点について、「物質的にある程度豊かになったので、これからは心の豊かさやゆとりのある生活をすることに重きをおきたい」か、それとも「まだまだ物質

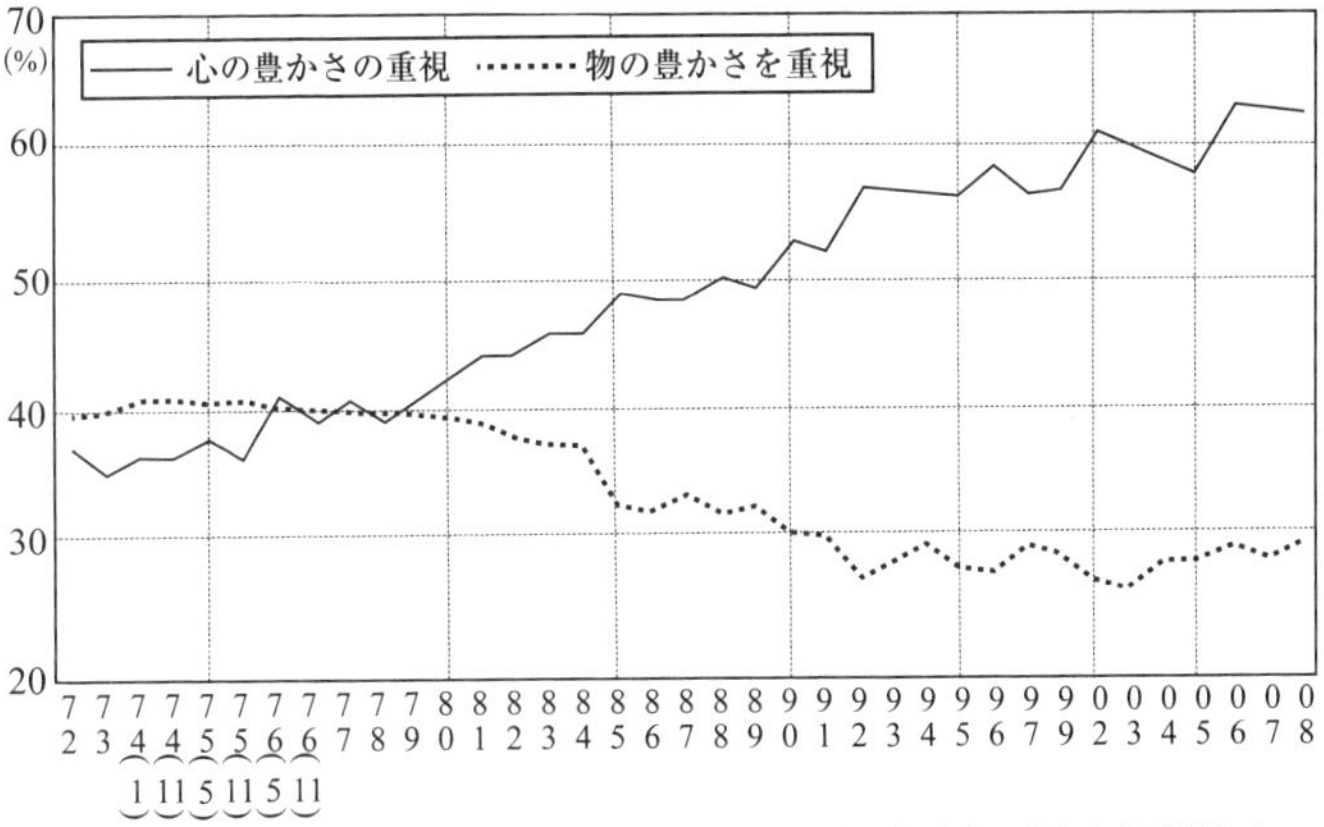

心の豊かさ＝物質的にある程度豊かになったので，これからは心の豊かさを重視したい
物の豊かさ＝まだまだ物質的な面で生活を豊かにすることに重きをおきたい

資料：内閣府「国民生活に関する世論調査」
三浦（2009）p.51 より

図 4-1　今後の生活の力点

的な面で生活を豊かにすることに重きをおきたい」か、を問うた質問に対して、七〇年代までは前者より後者が多く、八〇年ごろから逆転し、以後、前者が後者を上回っている。これは、モノに取りつかれた七〇年代までの消費活動がそろそろピークに達したことを意味しており、八〇年代の「モノ」離れを示すと同時に、「モノ」は「家族のモノ」でありうるが、「こころ」は、あくまで個人の問題だということに注目すべきであろう。つまり、この転換は「モノ」離れだけでなく、消費主体としての「個人」の登場をも指示していることになる。

だが、消費の個人化という現象の背後には、人間的欲望の変質といった、より根源的な変化が伏在しており、そのことの把握こそが、その後、つまりバブル崩壊後から今日までの消費のあり方の特異性を解明するためのカギとなる。

第二節　欲望の変質

他者への準拠

佐伯によって「転換点」とされた八〇年代に起こったことは、「内」への欲望が臨界点に達した時点で、欲望の矛先が「個人」ないし「自己」へと向かったということであった。それが、八〇年代における「大衆の終焉」から「分衆」「小衆」の誕生と言われ、「自分らしさ」の時代などと称されたゆえんである。だが、この欲求の対象が「モノ」から「自分」へと向かうという事態には、人間的欲望の変質が隠されている。そこで、まず人間的欲望とは何かということを考えておく必要がある。

まず、動物と人間の「欲求」の違いに注意しておきたい。というのも、人間には「本能」と呼べる「欲求」は存在しないからである。動物は、生まれて親から引き離されても、エサを求めて「本能的」に捕食活動を始める。なにが自分の「欲求」の対象であるかが本能的にわかるからである。だが、人間にはそうした本能は欠如している。だから、幼児は目の前に食物を置かれて、親が留守になっても、食物には手を付けない。幼児にとって、親が口に取り込んでくれるものが食物なのである。親が目の前でおいしそうに食べるのを見て、食欲が湧くのである。だから、好き嫌いの多い親の子どもは好き嫌いが激しくなる。つまり、どれが自分にとっての欲求の対象であるかは先天的には決定されていない。だから、他者の欲求を取り込むことでしか、自分の欲求を自覚できないのである。ラカン派の精神分析学者らは、これを「他者の欲望を欲望する」と表現する。ここで、「欲求」は動物的欲求、「欲望」を人間的欲求として区別することにする。

そして、「他者の欲望を欲望する」というテーゼには、二重の意味が込められている。一つは、ジラールが展開した「模倣欲求（望）」と言えるものである。これは、子どもが自分の「食欲」の対象を知るためには、他者の食物への欲望を「模倣」するしかない、という点に示されている。例えば、私が六歳くらいになった自分の姪を連れて、お菓子屋に行った経験を挙げておこう。「おじさんが二〇〇円までのお菓子を買ってあげるから、自分で選んでいいよ」と、姪を自由にしてやったところ、姪はうろうろするばかりで、まったく欲望が湧かないらしい。と、そこへ、同じ年齢くらいの坊やが、手にお菓子を持って、レジに向かった。これを目にした姪は、「あれがほしい」と告げた。「分かった。じゃあ、同じものをおじさんと一緒に探そうね」という私の言葉をさえぎって、「いや。あれがほしい」と、姪はその坊やの手にしたお菓子を指さし、動こうとしない。そこに、姪の母親が現れて、姪を外に連れ出して折檻しはじめ、事態は収まる方向に向かったのだが、それは、姪の欲望の対象から目を遠ざけることで、姪の記憶から消し去ったからである。ここで、姪はその坊やの「欲望（の対象）を欲望した」わけである。だから、あくまで、欲望は坊やの手にした「モノ」に向けられている。棚に存在するはずの「同じお菓子」ではだめなのである。いわば、他者の欲望を「同化」することによって、その欲望の対象に対する欲望を喚起するわけである。その典型は、恋愛関係における「三角関係」である。ただし、Aさんが、Cさんを慕うBさんに気づいて、この「慕う」恋情を同化した場合に、AさんはCさんに対する恋愛感情を抱くことになるが、Aさん本人は、自らの恋愛感情が、CさんへのBさんの恋情を同化した結果であることには全く無自覚であり、自らのうちに自然に湧きだした感情であるとしか自覚できないことが問題となる。つまり、客観的にはこれは明らかに「横恋慕」でしかないのだが、Aさん自身にはその自覚が全くないのであり、そこから、「三角関係」を巡るドラマが始まることになる。ジラールによって提起された「模倣欲求」を巡る議論の多くはこうした「三角関係」の解明を扱うことになる。ここでは、消費の領域における「他者の欲望」の同化、模倣は「流行」という現象を生み出す原理となっていることに注目しておこう。

もう一つは、ヘーゲルなどが展開した「承認欲求（望）」というものである。それは、子どもだけでなく、人間であるなら誰でも、「自分」を認めてほしいと欲望する機制である。お母さんと買い物に向かう途中で、近所の話好きなおばさんにつかまってしまった場合を想定しよう。話がなかなか終わらないので、娘がぐずりだす。困ったおかあさんは娘の口に飴玉を放り込んでやる。だが、飴が溶けかかるとまたぐずりだす。娘は飴がほしいわけではない。お母さんの関心が自分から離れてしまっていることに不満を感じているのだ。だから、はい、はい、と言って娘を抱きかかえてやれば、ぐずりはやむという。つまり、この場合、娘は、お母さんの「欲望（が、おばさんではなく、自分に向くこと）を欲望」しているのである。自分を認めてほしい、無視してほしくないという欲望である。これは大人の世界であれば、記号消費、つまり「自分らしい」「モノ」で自分を飾り立てることで、他者とは異なる「自分」を認めてほしい、という消費行動の原理となる。

さて、問題はこれからである。この人間的「欲望」が動物的「欲求」と区別される特徴は、以上の例示で示したように、欲望の胚胎とその駆動にとって、「他者」の介在は不可欠だということである。本能的に欲望がインプットされているわけではないので、他者が介在しなければ欲望は生み出されないのである。そして、こうした「他者」（＝メディア）の介在を巧妙に演出することによって、大衆の欲望を制御することこそ、マーケティングの戦略なのであり、高度成長から八〇年代までの大衆的な消費ブームの、隠された仕掛けなのであった。

欲望の「動物化」

ところで、八〇年代の欲望の変化には、他者＝社会を経由して初めて成り立つはずの人間的欲望とは異質な局面が孕まれている。それは、他者＝社会を経由することなく、欲望の対象に迫ろうとするものである。動物的欲求が身体的欠乏を埋め合わせるべく、対象を摂取し、充足させるという「欠乏－満足」という回路をなしているとするなら、これはまさしく「動物的欲求」への退行にほかならない。むろん、人間の欲望は、他者＝社会を経由して初めて起動するものであり、欲望があらかじめ本能的にインプットされているわけではないので、自分の欲望を自覚し、それを制御するに至るまでは、そうした通常の他者＝社会を経由したうえで、欲望を自分の中に装着することになる。だが、一旦装着された欲望を意志によって他者＝社会を経由しない形で制御することは可能であろう。その一つが、東が指摘した欲望の「動物化」（東 2001）である。例えば、自動販売機から飲食物を購入して、その場で胃袋に押し込むことで、欠乏感を制御するとか、性欲の昂進を、手軽な性産業でとりあえず処理するなどといった、まさしく「動物的」としか言いようのない他者＝社会を経由することのない欲求充足のあり方が、現在の社会では当たり前になっている。他者とのコミュニケーションなしのこうした消費活動は、他者とのわずらわしい手続きなしに欲求充足を果たしたいという、必ずしも若者だけに限定されない一般的な傾向を象徴している。

同様の例は、三浦もまた指摘している（三浦 2012: p.132）。それは、最近の若者は「食べるのが面倒臭い」という感覚を持っているという例だが、それは、食品メーカーでもいわば常識となっている知見だという。確かに、街を歩けば、様々な飲食店が立ち並び、店の前には、これまた様々な飲食物のパネルや看板が目白押しに並び、そこから何を選んで、入りやすそうな店を探すなどと、考えただけでも「面倒」だ、という感覚は理解できる。とりあえず、「欠乏感」を処理することを先決に行動しようとすると、「動物的」行動をとることになる。

だが、三浦の場合の「動物化」の例は、バブル時代以降に生じた「自分らしさ」神話の延長上に位置づけられていることに注目したい。それは、高度成長期の終わりの、消費主体としての「個人」の出現を意味している。個人＝自分が消費主体であるという時代は、消費主体としての「家族」の時代が終了した七五年以降に初めて現れた画期なのである。あらためて、「君は何がほしいのか」と問われた者が、自分の中の「欲望」と相談して「自分の本当にほしいものはこれだ」と即座に回答できない、それが「ほしいものがほしい」というコピーの実際の意味ではなかったか。それまで、人々は「みんながほしがるもの」についての知識に従って、それでは「同じもの」を、あるいは「もう一ランク上のもの」を、と選択してきた。まさに「他者の欲望を欲望する」という人間的欲望の回路を通じて、消費してきたのである。その基準は「他者の欲望」（としてCMに流されるコピー）なのである。そして、その回路はほぼ完全に商品製造、販売者とマーケティングによって組織されつくした回路なのである。だから、「君の欲望は」と問われて、初めて自分個人の「欲望」の探索が開始されたのが「自分らしさ」神話ということなのだ。「自分らしさ」という標語が八〇年代に浸透したとすれば、今まで「家族」を中心に消費活動を続けながら、実はそれが「他者の欲望」に準拠した活動でしかなかったことに気付いたことになる。「自分の欲望」という感覚に初めて出会った若者が戸惑いながら「自分らしさ」って何だ、自分が「そうなりたい、そうありたい」自分を模索し始めた初めての時代だったのではないか。欲望の個人化という、おそらく大衆社会の歴史上初めての経験が、欲望の「動物化」を生み出したと言えるのである。そして、この欲望の個人化という事態が大衆消費社会において持つ意義は、実はかなり根源的なものと言える。というのも、「個人化する消費」が、自分のアイデンティティを求めて、他者の欲望に準拠して、「それよりワンランク上を」めざすならば、確かに「少量多品種生産」に移行せざるをえないにしても、人々の欲望が「(メディアが操作可能な)他者の欲望」に準拠する以上、操作可能であると言える。だが、欲望が「他者の欲望」に準拠せず、他者＝社会＝メディアを経由せずに駆動し始めるなら、その欲望は、消費市場から逃走するものとなる。むろん、市場は個人化された欲望の対象を後追い的に追跡して、それをなんとか「ブーム」化することで、消費市場に採り込もうとするが、「他者の欲望」という準拠点が不在であるため、予測が不可能となり、従来の手法が通じずに苦慮せざるを得ない。そして、消費市場にとって、最も手ごわい消費者は、感性や感覚に訴えた消費ではなく、じっくり、「必要性」を理性的に吟味する消費性向の出現であろう。それが、後に見る「シンプル族」（三浦（2009）の書名から借用した）の消費にほかならない。だが、その前に、個人の感性や感覚を基準として、自身にとって「快楽」と感じられるモノや経験へと向かう「快楽消費」について考えておこう。

第三節　快楽消費

快楽を消費する

八〇年代に現れた新たな消費のパターンとして、「快楽消費」と称されるものがある。これまた、他者の欲望に準拠せず、自分の感性や感覚に準拠した消費のパターンである。この消費について論じた堀内によれば、「快楽」とは、「主観的に望ましい感情を経験すること」（堀内 2004: p.56）とされる。また堀内は、高度成長期の「三種の神器」の所有もまた「快楽」に基づくものと説明している。むろん、「これで〝人並み〟になった」という満足感が「快楽」と言えないことはない。だが、「快楽」という主観的な感情はあくまで「個人」的なものであるから、高度成長期の家電の所有は、あくまで家族単位のできごとであり、その背後には、「洗濯機」より「私の机」が欲しいのに、という個人的な「快楽消費」の先延ばしと「我慢」という不快な感情が存在していたかもしれない。むしろ、「快楽消費」とは、あくまで、高度成長期の後の「総中流化」の中で、家族単位のモノについては、ほぼ充足しきった状態を前提にした、「モノ離れ」消費のパターンと位置づけるべきなのではなかろうか。しかも、家族単位のモノの充足が、消費主体の「個人」化を生み出し、その個人の主観的感情に準拠した消費パターンの一種といえる。

それは、個人化された消費としての、いわゆる「記号消費」、すなわち、他者の欲望に準拠しつつ、その他者の所有物との記号的差異をめざして消費行動をするのとは異なって、他者の欲望に準拠せず、自分の主観的な感情に準拠した消費行動である。また、後述する「シンプル族」のように、他者の欲望への準拠なしという点では一致するものの、生活の「必要」性についての、理性的、計画的な判断に基づいた選択とも異なる。

さらに、九〇年代以降に指摘された欲望の「動物化」は、この「快楽消費」が積極的に「快」を目指す志向性であるのに対して、消極的に「不快」を回避する反応と解釈することも可能ではないか。そうであるとするなら、バブルへとつながる八〇年代の活況の中で積極的な「快楽」消費が現れ、バブル崩壊後の長期不況のくすぶった状況の中から「不快」を回避する「動物化」が現れたと考えることができる。いわば、「快楽消費」と欲望の「動物化」は表裏一体の現象とみなすことができる。

快楽消費の流れでは、八〇年代は、すでに見てきたように、消費の「モノ」離れが進み、消費対象の「モノ」から「コト」への転換がなされた時代であった。とりわけ、大規模な官民一体となって推し進められた「リゾート・ブーム」は、一挙にゴルフ人口を拡大し、様々なレジャーの機会を増大させていった。レジャーセンター化した銭湯が出現したのもそのころである。サウナや超音波浴槽、レストランも兼ね備えたリッチな銭湯が各地方都市に姿を現した。結婚式も、それまでの式場からホテルへと場所を変え、披露宴では、レーザー光線による演出や、ホストクラブでおなじみとされる「シャンパン・シャワー」などが出現した。こうしたレジャーが大衆化し、ブームとなる背後には、「コト」化した消費がなお「他者＝メディア」に準拠した欲望に支えられていることが想定される。だが、徐々に、「快楽」といった主観的感覚を基準とした欲望は「個人化」し、消費性向の多様化、個別化が進み、マーケティングの世界では「顧客」ではなく「個客」という言葉が用いられるようになり、消費者一人一人の価値観、ライフスタイルへの対応が要請されるようになる。

そうした個人化した快楽消費は、むしろバブル崩壊後に、ブームというにはあまりに私事化した消費として多様な形で現れてきた。堀内によれば、このナルシスト的な「快楽」消費は、快楽の対象を多様な経験へと拡張してきた。快楽消費のトレンドは①癒し－癒し系のキャラクターグッズ、ガーデニングなど、②空想世界への現実の取り込み－レトロブーム（例えば、昭和三〇年代の街並みからなるテーマパーク）、バーチャル参拝など、③デパ地下グルメ、ホテイチ（ホテル一階）の惣菜の持ち帰り、④マイブーム＝自分一人の世界で盛り上がっている、⑤「自分にごほうび」（同前：第４章）などである。

快楽消費と虚構化

こうした消費の「個人化」の一つである「快楽消費」は、消費対象の選別基準を自分の「感性」や「感覚」にとって、「快」であるか否かに求める。そして、こうした「快楽消費」欲望に対応した商品（モノやサービス）開発を行おうとするなら、自然のリアルな世界とは隔絶した、「快」のみから構成される人工的な「世界」をめざすほかない。その典型が「カフェイン抜きのコーヒー」や「ノンアルコール・ビール」などである。また、自分の部屋や車のなかの「脱臭剤」、汗の匂い消しや加齢臭の脱臭剤など、自分と自分の世界から「不快」な要素を徹底的に除去し、排除するものが選ばれる。

こうした人工的な「快」への欲望の時代が一九八〇年代であった。吉見はこの点をこう指摘している。「ひとことで言えば、一九八〇年代の日本社会を覆っていたのは、自己完結的に組織された『虚構』の『やさしさ』の世界のなかに自らを閉ざしていくような社会のリアリティであった」（吉見 1996: p.13）。

それは、ディズニーランドの世界であり、アニメやテレビゲームの画像世界である。ディズニーランドは、外部を不可視化し、時間を止めてしまう。つまり、内部からはその外部が見えないような作りになっていて、内部には「時計」がない。「今、ここ」だけの内閉的な「快楽空間」にほかならない。それは、現実世界からの準拠を拒否するという点で、見田が高度成長期の時代を「理想」と「夢」の時代と名付け、それに続く時代として挙げた「虚構」の時代に対応している。というのも、「理想」や「夢」は、現実をそこに準拠させることで、現実をそこに向けて改変しようとする意志を見出すことができる。だが、ディズニーランドという「虚構」は、現実との関連を拒否することで成り立つ世界である。そして、見田が高度成長以後のこの「虚構」の世界は、現実の世界を浸食しつつあると指摘したように、とりわけ、都市部や郊外の景観はますます「ディズニーランド」化してきている。

同様に、渋谷、池袋、新宿の雑踏に一歩足を踏み入れるなら、体感できる極めて人工的な都市空間としても表現されている。そこは、自然の「匂い」も、廃棄物もない消費社会固有の「虚構」化した空間となっている。その最も純粋な形は、それらの駅内部から広がる地下街に見ることができる。そこでは、時間も、東西南北の方位も不在である。また、郊外に広がる大型のショッピングモールは、まさにディズニーランドの延長とでもいえる空間をなしている。見田がポスト高度成長期を、それまでの「理想」や「夢」の時代とは区別される「虚構」の時代と規定したのに対応させるなら、それぞれの時代を代表する「欲望」のあり方も高度成長期の「他者」に準拠した流行や、記号消費をめざす「欲望」から、ポスト成長期の「他者」への準拠なしに主観的な「快楽」をめざす「欲望」への変容が対応していると考えることができる。

ところで、この八〇年代における格差の拡大とその不可視化について、触れておこう。この虚構の時代の始まりでもある八〇年代には、経済のグローバル化が進行し、格差の拡大が生まれていた。だが、それがメディアなどによって問題化されるのは、バブル崩壊後の九〇年代からである。そこで、実態としての「縦並び」の格差が存在するにもかかわらず、なぜ「横並び」の差異、記号消費（自分らしさ）が蔓延したのか、という問題が提起されてきた。この点については、おそらく欲望の「個人化」と、「パラサイト・シングル」現象から説明がつくのではないだろうか。まず、欲望の「個人化」、「快楽消費」が、他者＝社会を経由せずに、自分内部の「感性」「感覚」を基準として欲望＝消費の対象を選定するのであるから、他者との比較に基づくブランド消費（これは、格差を記号化する）などから距離を置き、比較をするとしても「自分らしさ」を演出するための「横並び」の差異にこだわる。したがって、格差が存在したとしても、当事者には「不可視」となる。さらに、八〇年代に二〇歳代の若者が、非正規雇用（派遣やアルバイトなど）によって低所得者にカウントされていたとしても、他者との比較という視点が乏しいだけでなく、親にパラサイトすることによって、低所得者としての自覚をかわすことが可能となる。彼らの親は四〇〜五〇歳代で、それなりの所得がある世代である。したがって、初期のパラサイトは、豊かな親元にパラサイトすることが可能なため、多幸感に浸ることが可能であった。それが、格差を不可視化した、と解釈することができる。八〇年代には、可視的なバブル状況と、華々しいブランド消費とともに、バブル崩壊後に可視化されることになる格差を不可視化するような要因も生み出されていたわけである。

ところで、この快楽消費と虚構との関係は、イベント化した現代のマツリを読み解く上で、重要な枠組みを提供してくれるのではないかと考えられる。そこで、次にこの点について多少詳しく見ておくことにする。

第四節　虚構のマツリ

合衆型マツリ

では、こうした虚構への内閉と、快楽消費とは、八〇年代におけるマツリ＝イベントの盛況とどのように関わるのであろうか。これまで、マツリを時代ごとの共同性の変遷を映すメルクマールとして扱ってきたので、八〇年代のマツリは、この時代の「共同性」をどのように映し出しているかを、見定めておこう。八〇年代に盛隆をなしたマツリに、松平が「合衆型」と称した「高円寺阿波おどり」や札幌の「ＹＯＳＡＫＯＩソーラン祭り」などの都市型のマツリがある。「合衆」

とは、松平によれば、社会的統合がゆるみ、それが「個人に解体され、集団帰属性がうすらいだ時期における祝祭で、個人が互いに『合』して『衆』をなし、『党』を単位としてつくられる感性世界での人々の集まりを、合衆とよんだ」(松平 2001: pp.327-328) とされる。

松平によれば、社会的統合が強い時代には、その地域の閉鎖的で伝統的なマツリが成立したが、社会解体期には、個人が解放され、集団帰属性が薄らぎ、開放的なマツリが登場するとされる。かつての伝統的な地域に継承されてきたマツリは、年間を通して、その地域固有のマツリや伝統行事などが、暦に時系列的に並べられ、その関係者は仕事の都合もその暦に合わせて調整しなければならなかった。だが、今日では、地域のマツリのほとんどは外部、とりわけ都市部の住民にも開放されており、外部の人間による参加なくしては成り立たなくなっている。そして、今では「祭歳時記」を開いてみると、ある地域の周辺で、ほぼ同じ日時に多くの祝祭行事が目白押しに並んでいて、かつてのように、通時的に直列に行事が並ぶのではなく、共時的に並列に、同時的に並んでいる。しかも、参加者や観客に開かれているわけだから、個人が、自分の関心にしたがって、自由に選択したマツリに出かけることになる。こうした、かつての「選べない (血縁、地縁という) 縁」ではなく、個人が自由に「選べる縁」によって参加することが可能なものになっている。こうした現象は一九八〇年代以降に勢いを増してきている (同前 : p.347)。

その典型の一つが「高円寺阿波おどり」である。これは、毎年八月二六日から二八日までの三日間にわたって開催され、一九八五年時点では、おどりに参加する「連」は、五一を数える。その踊り手は、四〇〇〇名を数える。そこには、地元以外に、南関東一円からも多くの「連」が集まっている。それらが、高円寺駅の南口と北口にまたがる一キロほどの公道上で踊り、道の両側に一〇〇万人の観衆が押し寄せるという。松平は、伝統的なマツリを「求心型」、八〇年代以降の都市祝祭を「遠心型」と類型化している。求心型とは、核となる生活共同のシンボル＝カミへとハレのエネルギーが集中し、その備蓄されたエネルギーがケの社会統合を強化するようなマツリである。いうまでもなく、それは地域の地縁に基づく生活共同が主体となり、社会統合の客体ともなる関係である。これに対して、遠心型とは、核心となる生活共同の実態は欠如しており、祝祭のエネルギーは求心的に働くことができず、個々の参加者個人の「意味」や「感性」へと遠心的に拡散するほかない（同前：p.354）。「高円寺阿波おどり」は「遠心型」の典型である。松平の解説を参照しておこう。

マツリの個人化

まず、高円寺の阿波おどりでは、連への加入、脱退は全く自由である。しかも、その内部構成で、過去の氏子祭礼の組織と大きくちがう点の一つは、踊り手の氏素性がまったく問題にされない、ということである。すでに、地域住民の固定された社会関係は融解しつくしているから、かつての町内の生活共同の場合のように、名望家などの社会的な階層基準は存在しない。つまり、かつてのような階層的規制はここには存在せず、参加者の組織母体のようなものもなく、参加は基本的に個人的である。そこには、地縁的、血縁的な制約はなく、多くの場合、個人単位である。連は個人に対して何かを強制するわけでもなく、したがって、連への、加入、脱退、連から連への移動も可能であるし、たいていの連では、登録さえすれば参加がゆるされる（同前：pp.296-297）という。

松平のいう「合衆型」のマツリとは、この「遠心型」と一致する。伝統的な地域住民を主体とし、社会統合の客体としたマツリとの違いは明らかである。そもそも、地域住民の生活共同における社会統合といった、かつてのマツリの「社会的機能」は、ここには存在しない。存在するのは参加する個人にとっての「感性」や「感覚」であり、それは各自の問題であり、主催者にとっては、連に参加者が集い、刺激的な「阿波おどり」が演出され、観客が満足し、場合によっては、高円寺の商店街を経済的に潤わせてくれるなら、大成功なのである。それは、個人化した時代の「快楽消費」の一つの典型例を示すものであり、「快楽消費」をめざす「イベント」の開催と基本的な機能は重なり合っている。参加者のこうした「個人性」について、松平はこう指摘する。

「高円寺阿波おどりの祝祭に集まった人びとの結合形式には、きわだった特徴がある。それは、ひとたび祝祭空間を離れるやいなや、この人びとの間には、持続的で日常的な結合がほとんど存在しない、ということである。それぞれの連だけに着目すれば、外部出演やいくつかの連の年間練習、あるいは連単位の年間行事など、かなりの日常的な結びつきをもっているものもないわけではない。しかし、高円寺阿波おどりを構成する人びとの全体集合は、祝祭の終了とともに雲散霧消してしまい、それをもとにした強固な生活共同が生まれたり、生活組織が形づくられたりすることはない」（同前：p.309）。

同様のことは、「よさこい祭り」の場合にも、報告されている。高知の本家の「よさこい」でも、札幌の分家の「よさこい」でも、踊り手のなかに「渡り鳥」が現れ、催しや、踊りのチームに惹かれるわけでもなく、ただ「気に入った」踊りに出会うと、そこに「群れる」という。また、浅草の三社祭の神輿の場合にも、「担ぎ屋」と呼ばれる同好会に所属する神輿好きの人びとが、仕事の都合がつけば、自由に参加して神輿を担ぎ、神社、仏閣の行事とは関係なく、自分の「快楽」として、個人的に参加するにすぎない。だが、そうした人びと抜きに、都市部のマツリは開催不能なのである。それらがイベント化しているのはいうまでもない。

こうして、明らかに「快楽消費」を求めて「遠心的」に、ムレる踊り子や担ぎ屋たちの「感性」のうちに「共同」への隠された志向を読み取ることは可能なのではないか。確かに彼らは、自分個人の好みとして「踊り」や「神輿担ぎ」に参加するのであるが、参加する舞台は、つかのまであれ、瞬間的には「共同」が成立していなければならない。匿名のだれかわからない、隣の踊り手や担ぎ手との波長を合わせなければ、それらは成功しない。単なるエネルギーの発散というのであれば、そんな面倒な匿名の他者との「共同」を必要とする舞台以外の舞台を探すことは可能であろう。それでも、ムレて、つかの間の「共同」感を「快楽」として選択するという意識の背後には、隠された「共同」への願望が見え隠れするように思われる。ただ、現実の、すなわちケの「共同」では、職場や住んでいる地域の序列化された人間関係や、しがらみだらけの関わりあいたくもない関係などを受け入れなければならない。そんな「共同」からは、なるべく距離をおき、純粋に、感覚的に、瞬間的にハレ＝虚構の「共同」（ともに同一の場で、同一の行動によって、同一の感覚を共有できる）を実現できる機会として、マツリが選ばれるのではないか。それゆえ、この「共同」とは、参加者の「共同幻想」によってそのつど「虚構」される「共同性」とみなすことができる。そう考えるなら、彼らの多くが、その瞬間が終了した後に、そこでともに演じた匿名の他者と、ケの世界を共有することを避けて、帰ってしまうのは、ケの「共同」（これこそ「リアル」な共同なのだが）に対する嫌悪がそうさせるのではないかと解釈することも可能であろう。おそらくは、個々のケ＝日常における生活から逃避して、ハレ＝非日常の「共同」を瞬間的に味わいたいという願望が、純粋に「快楽」の対象であるような「虚構」の「共同体」を刹那的に実現させるのであろう。

ところで、八〇年代のマツリが「虚構」の「共同」を快楽消費の対象として作り出すものであるとするなら、リアルな生活を共有するという意味での「共同体」はそこには存在しない。おそらく、八〇年代以降、日本社会の諸領域から「共同体」は姿を消してしまったのであろう。それこそ、「日本社会の死」を意味する画期なのであり、「個人化」が人間の欲望の深層から、ショッピングモールの表層にまで蔓延した現在を映し出している。だが、その背後で、それらとは別の、ケ＝日常のリアルに立ち返る契機が、欲望の個人化のもう一つのパターンのうちに見え隠れしている。

第五節　消費の脱市場化

八〇年代の兆候

さて、ながながと「快楽消費」について見てきたが、それらは今ではマーケティングの標的となって、膨大な消費市場として君臨するに至っている。高度成長期の流行や、八〇年代のバブリーな記号消費の時代が終焉し、人々はモノ離れから、新たな消費対象として「快・不快」といった感覚的な基準による体験型消費への旺盛な欲望を抱くに至っていることは、マーケティングの世界にとっては「ほしいものがほしい」という消費者の登場以来、救いの神なのだ。

だが、欲望の個人化は今後の日本社会にとって、より重要な、それとは別の欲望を生み出した。

それは、三浦展の用語を借りて「シンプル」な欲望と名付けておこう。しかしながら、それにはすでに八〇年代に予兆があった。「博報堂」が一九八五年に「分衆」として提示した「ニューピア」の消費行動は「自分がモノサシ」であると解釈されていた。そこでは、ゆとりがないからこそ、どこか無駄がないか、自分たちの生活をシビアに点検し、「他者の欲望」には準拠せずに、「自分たちにとって」という感度に基づいて、「絶対必要かどうか」「好きか嫌いか」「暮らしを楽しくしてくれるか」といった価値尺度によって消費の選択を行っている。つまり、「商品やサービス選択の基準は、自分に与える『感度』の高低にある」（博報堂生活総合研究所編 1985: p.167）。こうして、「欲望の個人化」は、「快／不快」の個人的感覚を基準にした快楽消費や、欲望の動物化を生み出すだけではなく、より理性的で、必要性を吟味したうえでの、個人的な選択基準に基づいた消費をも生み出してきたことになる。「ニューピア商品は『過剰な』見てくれや品質や機能は落としてあるが、その分、値段は安い。必要にして十分な機能は備えている。我慢を強いない。シンプルさが逆に魅力すら感じさせる。ニューピアたちが求めているのはこんな商品だ」（同前：p.169）。これは、後に、三浦展が「シンプル族」（三浦 2009）と呼んだ消費者層の先駆けと考えられる。

そして、こうした消費者層として、八〇年代の「ニューピア」層が該当するという点も興味深い。むろん、「ニューリッチ」層は、この時代、華々しい消費生活に明け暮れていたと考えられがちであるが、一般的な消費傾向と同様、「モノ離れ」し、旅行、音楽会、美術館巡りや趣味、教養、そして健康に金をかけている（同前：p.172）。つまり、八〇年代には、生活に必要な「モノ」は、階層差に関係なく、ほぼ充足し切ってしまったと言える。確かにモノの消費を通じて、階層的アイデンティティを確認する「記号消費」はなお盛んになされてきたが、そうした華々しい振る舞いがメディアを飾り立てた背後では、承認欲求をあおられた消費とは別の、個人化された欲望に従った消費行動が広がりつつあったのである。そして、その傾向は、とりわけ余裕のない「ニュープア」層に顕著に示されていたのである。また、博報堂の調査によれば、八五年の時点では、ゆとりのある「ニューリッチ」は三四パーセント、ゆとりのない「ニュープア」は五二パーセントとされていて、多数派はすでに「ニュープア」なのである。にもかかわらず、この時代を象徴する消費活動として挙げられるのは、八六年のトヨタ二代目の「ソアラ」が発売されて五年で三〇万台が売れ、大ヒットとなったことなどであった。確かに「ニュープア」層は、この間、社会の表舞台には出ないで、私生活の内部に自閉して質素と倹約に勤めていたのであろうが、メディアに登場するのは少数派となった「ニューリッチ」の華々しい消費活動であった。人々の目からは、こうした格差の問題は不可視となっており、「ニュープア」層の消費動向もまた、ほとんど注目されることもなかった。

だから、九〇年代以降に「シンプル族」と名付けられた、新たな欲望の登場は、実は八〇年代の「ニュープア」層以来、潜在していたものが、バブル崩壊後の長期に渡る低成長期に、若者を中心として、むしろ格差を超えて表面に現れた現象なのである。

シンプル族の欲望

三浦展は二〇〇九年に著した『シンプル族の反乱』の中で、一九七〇年以降に生まれた、いわゆる「団塊ジュニア」世代以下の若者たちに顕著な消費性向として、これを「モノをあまり買わない、ためない」「手仕事を重んじる」「基本的な生活を愛する」特徴を持った層として、彼らの衣食住の詳細に渡った分析結果を提示している。これを八〇年代の「ニュープア」層と比較すると、このたびの「シンプル族」は団塊ジュニアのうち（経済的ゆとりの点で）比較的上層ほど、そうした志向が強く、単に経済的ゆとりがないから、ということではない世代全体に広がった傾向であることが伺われる。むろん、世代的には、昭和ヒトケタ世代の上層では、シンプル志向はゼロであり、下層ほど高いというから、世代によっては、経済的格差が「シンプル」化の要因となっていると考えられる。しかしながら、若い世代ほど、「シンプル」化への傾向は、格差にかかわらず、一般的な趨勢となっていることが伺える。

その彼らの消費性向については、バブル期までにモノであふれ返った生活に慣れ、すでにその方向には欲望が向かわなくなった若者世代にとって、「しかし今は、何が自分にとって本当に必要か、必要でないかを見極めて物を買う若い消費者が増えた。流行り物やいらない物を捨てて、自分が本当に好きな物だけで生活を構成するようになった。だから現代の若い消費者は、すでにある自分なりの洗練された生活を邪魔する物は買わないのである」（三浦 2009: p.195）と指摘されている。

おそらく、彼らが青年期の九〇年代以降の社会や家庭での生活経験から、モノに憧れ、あふれた家財に囲まれながら、しかし幸福感とは程遠い、時間に追われた両親や大人たちを見て、モノに対する愛着と同時に「豊かさ」への固執も消えた感性が、自身の欲望を「シンプル」なものにさせたのであろう。だから、彼らは「合理性」や「効率性」「進歩」に対する懐疑心を抱くことになり、三浦をして「『進歩の終わり』の時代の人間像」（同前：p.57）と言わしめている。

さらに、より若い世代の消費性向について展開した藤本によれば、一九八六年以降生まれの、一九九二年の小学校入学時に「学習指導要領」で個性尊重が打ち出された以後の世代では、「流行」に基づく消費は姿を消し（藤本 2015: pp.20-21）、記号消費を動機づける「承認欲望」にもとらわれず（同前：p.100）、したがって、その欲望は「他者」に準拠したものではなく、「自分」の感性を基準としたものになっている。「ユザクロ」（ユニクロ×ユザワヤ）という言葉が流行ったそうであるが、ユニクロで買ったものはそれ自体でシンプルなので、「団塊ジュニア」の「シンプル族」にも「無印商品」とともに広く受け入れられたものである。ところが、より若い彼らは、そこに手芸用品店のユザワヤを利用して「自分らしい」モノへと改造を加えるという。いわゆる「シンプル族」の特徴の一つであった「手作り」を踏襲しているのである。藤本に言わせると、「世間のものさしに自分を合わせようとするのではなく、『自分ものさし』で世の中にあるものをはかり、その中から自分に合うものを選び取っていこうとする」（同前：p.46）のである。

そして、こうした欲望の個人化のパターンの一つである、シンプルな欲望、消費のあり方は、そのこと自体が、この場合は、従来の消費市場のマーケティング戦略でもあった他者＝メディアに準拠した欲望からの離脱という新しい動向を示すものである。と同時に注意しなければならないのは、そうした動向が一過的な現象ではなく、その背後の価値観の変容と連動したものであることにある。その点については、三浦の場合は、「エコ志向」「ナチュラル志向」「レトロ志向」「オムニボア志向」（文化的雑食性）「ソーシャル・キャピタル志向」（多様で豊かな社会関係を好む）などを挙げており、それらの全体としての価値観が高度成長期の「モダン」派の価値観、すなわち、上昇志向に身を固め、最新のトレンドの最先端に自らを位置づけ、経済的進歩と技術的進化を重視し、精神的な内面はどうでもよく、効率とスピードを最優先する（三浦 2009：p.40）といった、明らかに高度成長期に典型的で、その時期の多くの人々に共有されてきた価値観から、隔絶したものとなっている。だからこそ、『進歩の終わり』の時代の人間像」とされるわけである。

また、より若い層を対象とした、藤本の調査によれば、彼らは欲がない、モノを買わない、と世間から言われるが、それは世間が想定しているようなネガティブな発想からではなく、必要のないところには徹底してお金を使わないが、仲間たちとの交流のためなら、ポンと惜しみなく使う、という（藤本 2015: p.34）。これなどは、戦前の農民たちが、日常生活では、爪に火をともすばかりに倹約しつつ、地域のマツリや儀礼の際には贅沢が奨励されるという動向に近いものがある。これもまた、高度成長期の価値観から隔絶したものと考えられる。いずれも、大量生産されたモノには見向きもせず、必要のないものには近づきもせず、こだわりのある必需品には金をかけ、仲間との交流には惜しみなく金を使う、といった傾向は、戦後の日本社会では初めて出会う現象と言えよう。

脱市場的経済へ

そして、市場に流通する消費財（＝モノ）と消費者との関係の変化は、それまでの大衆消費社会的な「消費者」像を大きく塗り替える方向へと進みつつある。シンプル族がその欲望の準拠先を「他者＝メディア」から「自己」へと転換を図る際の「自己」とは、いうまでもなく「消費者」としての「自己」ではなく、「生活者」としての「自己」にほかならなかった。他の消費者の欲望との同化か差異化かといった形で消費行動を起こす限り、それは「消費者行動」ということになり、巨大な消費市場の内部での「モノ」との経済的関係によって充足されるものとなる。だが、自己の生活を「ものさし」とした欲望の喚起は「消費者」というより「生活者」としての行動を引き起こすことになる。そうであるなら、そこにおける欲望対象としての「モノ」との関わりは、別に巨大な消費市場を舞台とする必要はないし、むしろ、そこから逸脱した脱市場的空間でこそ純粋に「生活者」と「モノ」の関係を演出しやすいことになる。

例えば、「リユース」(中古品)市場の規模は二〇一二年時点で一兆一〇〇〇億円に達していると言われる。近年メディアなどで取り上げられている「リユース」品として「中古住宅」をリノベーションして購入するケースはかなり大口の買い物であるが、いわゆる「フリマ」(フリー・マーケット)での家電、衣類、書籍、DVD、カー用品などの流通は、新品の購入後の旧品の処分であったり、逆に新品にこだわらず、旧品を活用して経済的負担を減らそうとするものである。さらには、古着に手を加え、デザインを変えたり、装飾を加えたり、あるいは染色して全く別の色彩の服へとリメイクするなどして流通させている。近年ではそれらの情報がネットを介して企業と個人ばかりか、個人同士の直接的な取引として営まれている。明らかに製造された新品を中心に流通する通常の消費市場から逸脱した取引の場ということになるが、それだけではなく、そこでは「消費者」(買い手)は同時に「販売者」(売り手)にも容易に転換することになる。明らかに従来の「消費者」像からの逸脱が見られるのだが、それらはいずれも「生活者」であることを起点とした役割変換にすぎない。売る側も、買う側も、「消費者」ではなく「生活者」としての視点から相互に関わりあっているのである。だから、「不用品」譲渡のコーナーがネット(クラシファイドサイト）上に掲載されたりして、経済的取引を超えた「贈与」関係にまで広がりを見せている。

さらに、こうした「モノ」の獲得に関わる脱市場的関係だけでなく、「モノ」を所有しないという生活の選択肢も拡大している。いわゆる「レンタル」や「シェア」である。生活上使用頻度の高い生活財は一般に「リユース」して所有するが、使用頻度が高くても、物財ではなく「居住空間」のような「非物財」の場合などは「ルームシェア」や「カーシェア」（あるいは相乗り）のように借用してすませることになる。そして使用頻度が低い物財はいまでは「レンタル」が一般的となっている。卒業式の大学生の晴れ着はほとんどがレンタルである。むろん、これらには多くの業者がすでに参入しているが、「持たない」生活のためのシェアは、いまでは自治体が関わった り、個人間のシェアという形での広がりを見せてきている（熊沢 2015）。こうして、今や企業が提供する「モノ」を受身的に「消費」するといった消費者像は徐々に姿を変え、「生活者」としての視点から、巨大な消費市場の舞台から外れ、（企業が提供するモノを）所有しない「生活」へと向けて社会的交換（互酬や贈与）が広がりを見せてきているのである。

ちなみに、シェアリングの分野で見ると、「モノ」のシェア（フリマ、レンタル）、「空間のシェア（ルーム、ハウス、農地、会議室）、「移動」のシェア（カーシェア、ライドシェア）、「スキル」のシェア（家事代行、介護、育児、料理）、「金」のシェア（クラウドファンディング）などがあ

表 4-1　欲望の諸類型

欲望の類型	メカニズム	消費性向
①「他者」に準拠した欲望	①－１「他者」への同化＝模倣欲望	流行
	①－２「他者」への異化＝承認欲望	記号消費
②「他者」に準拠しない欲望	②－１「快／不快」を基準にした欲望	②－１－１快楽消費
		②－１－２動物的消費
	②－２「必要／不要」を基準にした欲望	シンプルな消費

る。二〇一六年には秋田県湯沢市、千葉県千葉市、静岡県浜松市などの五市が「シェアリングシティ宣言」をしている。住民は市内の公共サービスの提供をシェア方式で受け取り、雇用も生まれ、交流人口も増え、自治体の財政負担も減らすことが出来るという。所有への欲望を制御し、生活への便宜を優先に発想するなら、一定の共同体内での物流の流れやアクセスは市場原理抜きに実現可能なのである。

こうした流れを生み出してきた発端は、言うまでもなく消費社会の中で訓化されてきた「人間的欲望」（他者＝メディアに準拠した欲望）の変質にほかならない。人々は「消費者」というアイデンティティをそぎ落として、改めて生活者の立場から「自己準拠」的に自らの欲望の矛先を制御し始めたということになる。そこで、欲望の変容について、（表四－一）のようにまとめておこう。そして、この傾向は、明らかに高度成長の終焉後の、定常社会にこそ適合的な消費性向であり、価値観なのである。そうした若者たちの定常社会に適合的なもう一つの志向として、「定住志向」について、次に見ておこう。

第六節　地元志向

地元志向の若者たち

近年の若者たちの地元志向は、各統計データからも確認されている。「住民基本台帳」人口によれば、過去一年間に市区町村の境界を越えて住民票を移した人の割合が近年では過去最低となっている。また、「学校基本調査」によれば、県外就職率が、一九七一年の三一・五パーセントから、〇五年の一八・四パーセントへと持続的に低減している。そして、「就業構造基本調査」によれば、多くの地方圏の二〇～二四歳の男性の県内残留率が高くなっている。

これらから、若者たちの地元志向は、都市部、地方にかかわらず、全国的に増大傾向にあることが伺われる。これと対極的に広義の団塊世代とされる一九四五年から五二年生まれの、高度成長の担い手たちの多くは、地方から都市部へと流入して、そこで職に就き、出世競争に身を投じて、郊外地域に「マイホーム」を建て、「人並み」の家庭を築き上げてきたのだが、その彼らの「上京志向」は、貧しい地方出身であるがゆえに、そこから脱出して、豊かさを獲得すべく、大都市に職を求めるというものであった。だから、彼らの生き様からするなら、今日の若者も、出世をめざし、豊かさを獲得しようとするなら、地元からの離脱と「上京」は生き方の前提と考えられてきた。だから、この年代からすると、今日の若者の多くに見られる「地元志向」は、なんとも不甲斐ないと評価されがちである。だが、団塊の世代が地元を離れた時代の「地元」と、今日の若者たちにとっての「地元」とは、まるで異なった地域となっている。その団塊の世代の子どもたち、つまり「団塊ジュニア」世代と、それより若い世代にとって、団塊世代が住居を構えた郊外こそが「地元」なのであるが、そこには郊外型のスーパーや、ショッピングモール、ロードサイドのファストフードが立ち並び、二〇〇四年のイオン・ショッピングモールのポスターにあったように「シブヤもハラジュクもうらやましくない」大消費地域になっているのである。

しかも、団塊ジュニア世代が小中学生であった一九八五年に、国土庁が策定した「首都改造計画」によって、東京都心に集中しすぎた諸機能をその周辺に分散させるべく、「業務核都市」として、立川、八王子、横浜、川崎、大宮、浦和、千葉などの「郊外」がその受け皿になり、さらに、「副次核都市」として、その周辺の厚木、平塚、横須賀、青梅、所沢、川越、東松山、熊谷、成田、柏、船橋、東金、木更津などの整備が進められた。その結果、それら郊外地域には、西武、パルコ、ジャスコなど大型のショッピングセンターが出そろって、住民のほとんどは都心部に出向かなくても、地元で都心と変わらないショッピングを楽しむことが可能になっている。また、そうした地域には、就業機会が増え、大学などの立地も進んだ。こうして、団塊ジュニア以降の若者たちにとって、「地元」は、あらゆる生活機能を充足することが可能な居住地となったのである。

こうした傾向は、東京の郊外地域に限らず、地方都市にも広がっている。辻が調査した東京都杉並区の若者たちと愛媛県松山市の若者たちの「地元志向」では、かつてのように、地域の現状に不満を覚え、上京したがっているといった「上京志向」は見受けられず、都市の若者も地方の若者も、居住地域に愛着を覚え、高い生活満足度を持っていることが明らかにされている（辻 2016: p.161）。

団塊ジュニアを対象とした三浦の調査でも、東京都内への転入者数と、都内で移動している人の数は八四年ころから変化せず、周辺三県のうち、神奈川県では九四年以降、転入者を県内移動者数が抜いていて、この傾向は他の二県にも広がりつつあるという（三浦 2005: p.248）。それは、新たな郊外化の流れが終わり、郊外内部での人口移動と定住の始まりを意味している。三浦はこれを新たな「ムラ」と「農民」の時代として、批判的に批評している。その批判的という部分は差し引いてこれを読むと、むしろ、今では肯定的な記述として読み直すことも可能であるので、引用しておこう。

「たとえば、郊外の安穏な暮らしに慣れてしまうと、もはやそこから脱出しようという気概を持つことがなくなる。それでも気楽に暮らせるからいいじゃんということだが、本当にいいことずくめなのか？　おそらく地元の高校を卒業して高卒で終わる階層の若者は、大学進学をする者や、中学、高校から都内の私立に通う者と比べるとはるかに地元に密着した生活をすることになる。そうなれば付き合う人間も固定化していくだろう。結婚しても親の家の近くに住むだろう。何年かすれば親の家のまわりに兄弟姉妹が何世帯か家を持って、孫もいるということになる。住む場所が固定化し、付き合う人間も固定化しているとすれば……昔ながらの村に逆戻りではないか。……そうして、いつも同じ仲間とだけ会っている若者は、狭い村社会に住んでいた昔の農民とさして変わらない。いわば「新しい農民」なのではないかとすら思えるのだ」（三浦 2005: pp.256-257）。

三浦の価値観が、団塊世代の上京組のそれと重なっていることを差し引いて、さらに、村人全員が農業を生業とするわけでもなく、様々な職業につきながら、身近な仲間と生活を楽しむほどの「豊かさ」は確保できるとするなら、これは決して否定すべき生活様式とは言えない、むしろ、生活優先の「定常化社会」にふさわしい生きざまとすら言えるかもしれない。

友達や家族のつながり

『ニッポン若者論』（2010）の調査を踏まえて、三浦は「地元好き」を規定する要因を探索しつつ、これといった決定的な因子を突き止めることができないとし、「地元で平凡な幸せを手に入れることができそうだという予測が地元定住志向に結びつくらしい」（三浦 2010: p.57）としている。だが、彼は同書において「世界青少年意識調査」による「住んでいる地域が好きな理由」の回答で見ると、

「友だちがいる」（二〇〇三年＝五七・七パーセント、二〇〇七年＝六〇・三パーセント）が、「地域の人とのつきあいが豊かである」（同、一二・九パーセント、一二・七パーセント）などに比べて、突出した割合を占めており、「人間関係」とりわけ「友だち」の存在が秀でている点にはなぜか注目していない。ただ、『シンプル族の反乱』（2009）では、ＮＨＫ放送文化研究所の「日本人の意識」調査における、家族、地域、会社における人間関係の設問で、過去三〇年間に渡って、「全面的なつきあい」から「部分的なつきあい」へという傾向が増加してきたなかで、二〇〇三年と二〇〇八年の調査結果で、初めてその傾向が停滞もしくは反転した結果（「全面的なつきあい」が、会社と地域の関係では、〇三年と〇八年とでほぼ横ばいになり、親戚関係では〇三年三二パーセントが〇八年三五パーセントへと初めて逆転した）を受けて、「つまり過去三〇年あまり進めてきた全面的なつきあいからの離脱が終わったと読み取れる傾向が見られる」（p.157）として、それは「一定の共同体に所属して安心を得たいと思い始めている」証拠ではないかと解釈した。解釈としては、全うで、可能性を秘めたものであり、注目すべき指摘であった。

だが、残念ながら、その後の二〇一三年の調査では、この「全面的なつきあい」が再び減少に転じてしまった。なぜかというと、この〇三から〇八年の時期に、若い夫婦で妻の親や両方の親から援助を受けている世帯が増加しているという別の調査報告があり、それとほぼ同年齢（二五～三九歳）で「全面的なつきあい」が増加していたという指摘がされた（ＮＨＫ放送文化研究所

2015: p.205)。つまり、「友だち」と自分の「家族」との関係で、ほぼ自足的な生活が充足できるなら、あえて遠い親戚までの関係を強化する必要はない、というのが彼らの方策なのであって、たまたまその関係だけでは自足できない「子育て」のような契機が生じた場合には、遠い親戚に頼る場合もありうる。だが、その契機が消失したなら、また「友だち」と「家族」の関係で充足しようと考えているのである。

しかしながら、「人間関係」に関わる別の質問項目に注目するなら、三浦の〇八年調査にかんする解釈はなお妥当性を持ちうる可能性が見いだせる。それは、ＮＨＫ放送文化研究所の『現代日本人の意識構造』(第八版)における「生活目標」の項目に関する調査結果である。

一　その日その日を、自由に楽しく過ごす〈快志向〉
二　しっかりと計画をたてて、豊かな生活を築く〈利志向〉
三　身近な人たちと、なごやかな毎日を送る〈愛志向〉
四　みんなと力を合わせて、世の中をよくする〈正志向〉

この一~四の項目は、さらに現在志向か未来志向と、自己本位か社会本位といった二つの軸によって特徴づけられている。一は現在×自己、二は未来×自己、三は現在×社会、四は未来×社

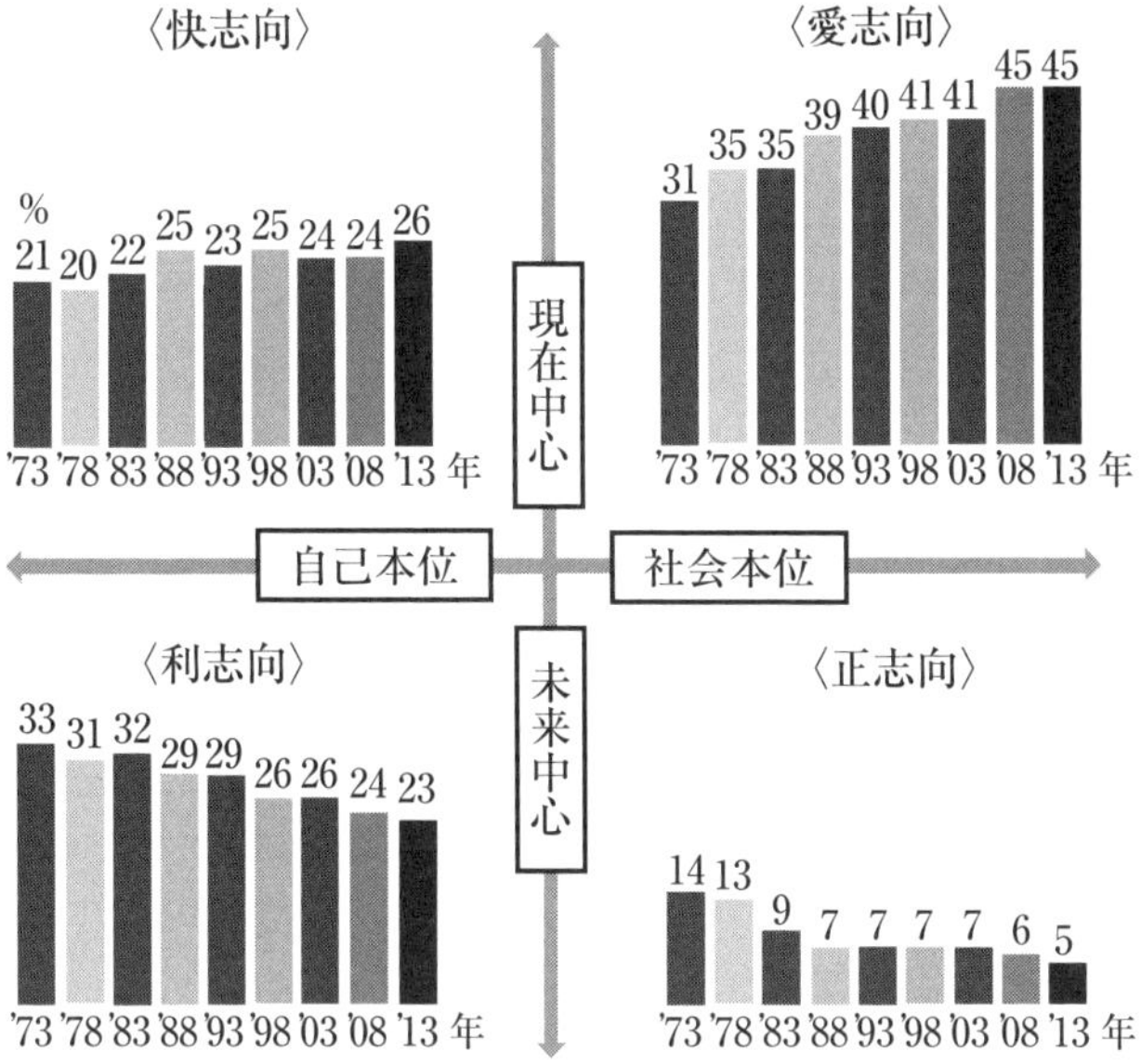

NHK 放送文化研究所（2015）より

図 4-2　生活目標（全体）

会となる。

そして、一九七三年から二〇一三年の四〇年間で見ると、三は三一パーセントから四五パーセント、一は二一パーセントから二六パーセントへと増加し、二は三三パーセントから二三パーセント、四は一四パーセントから五パーセントへと減少している。増加した分で見ると、三の〈愛志向〉が最も増加しており、ついで一の〈快志向〉が増えている。つまり、現在この場の「身近な人たち」と「自由に楽しく」過ごしたいという現在志向が際立っていることが判明する（図四－二）。ポスト高度成長時代の今日、低成長が長引き、雇用環境もどうなるか分からず、こんな時代に未来を思い悩んだり、未来の可能性にかけたりするのは止めて、今、この場の仲間たちと楽しく暮らそう、という「生活目標」が圧倒的に支持されているのである。

こうした「現在志向」の突出について、吉見は「〈未来〉を準拠点にして現在を位置づけることは、近代社会の根幹をなす価値意識であったわけだから、七〇年代以降に顕著になるこの変化は、戦後社会という域を超えて、近代社会の地殻変動が始まっていたことを示している」（吉見 2009: p.87）と指摘している。また、見田の戦後日本社会の価値意識の区分をこれに重ね合わせるなら、四〈正志向〉は「理想の時代」に、二〈利志向〉は「夢の時代」にそれぞれ対応した「生活目標」であると考えられる。これに対して、一〈快志向〉は、先に見てきたように、「虚構の時代」に対応していると考えられる。そして、三〈愛志向〉こそが、共同体を喪失し、日本社会の「死」に直面している今日の私たちが、改めてその価値に気づき、社会の再生をめざす胎動であると考えられる。

だが、この〈愛志向〉が、「友だち」と「家族」だけに内閉してしまっている限りは、三浦が言うように、「新しい農民」との批判を免れることはできないであろう。同様の「地元」志向の若者たちの調査を実施した、阿部の場合にも、そうした若者にとって「家族関係、友人関係が濃く、地域の人間関係が薄いというのは、地方の若者たちにとって決して例外的なことではなく、むしろ普通のことなのである」（阿部 2013: p.49）と指摘している。そして、その理由とは、地元商店街の消失と、モータリゼーションと国道沿いのショッピングモール、スーパー、コンビニの存在にほかならない。つまり、地方といえども、そこはすでに「郊外」と化しているのであって、かつての「地元商店街」で地元の大人たちとのコミュニケーション抜きに買い物もできないといった状況が消失してしまっているからである。このことは、地元のみならず、「郊外」全般に言えることであり、若者は見知らぬ大人たちとの接触なしに生活することが可能となっていることを示している。だが、ＮＨＫ調査の場合のように、「子育て」を契機にして、遠い親戚との関係を再構築する場合のように、そうした契機が生じた場合には、新たな関係を広げる可能性を秘めている。「彼らは、もし子育てという状況に追い込まれなければ、地域の活動に参加することもないだろう。ただ、それを必要とするような状況に置かれれば、積極的に地域での人間関係を構築したいという気持ちは持っている」（同前：p.57）という。地元の友人という存在は、友人の友人、知り合いという形で、関係の外延を広げようとするなら、その手立ては常に手元にあるということなのであり、少なくとも、そこに定住し、生活の拠点を固定するつもりの複数の友人がいる限り、ライフイベント毎に、その輪は広がっていかざるを得なくなると考えられる。かつての「選べない縁」から遠ざかりつつある若者たちも、新たな「選べる縁」を活用しながら生活上必要な関係を再構築する可能性を秘めていると言えよう。

Ｕターンと生活の見直し

若者の「地元志向」について見てきたが、全国的な規模でのＵターン現象にも注意しておこう。全国的な規模でのＵターン現象には、一九六〇年代後半から七〇年代前半にかけて、一つの山が存在した。それは、六〇年代にかけての農山漁村から都市部へ向けての若年労働力の大移動の後に見られた現象で、夢を持って都市生活に移行したものの、思うような生活を実現し損なって、いわば挫折して帰郷するパターンとみなされてきた。

ところが、バブル崩壊後の一九九〇年代以降にもＵターン現象が目立つようになり、とりわけ一九九六年から二〇〇一年の人口移動を調べた「第五回人口移動調査」によれば、地方から大都市圏への移動が減少して、逆の大都市圏から地方への移動割合が増大している。それ以前の移動理由と比べて、この間の移動理由では「結婚・離婚」や「親や子との同居・近居」の割合が増えている。これらから推測できるのは、二〇歳代の働くことを生活の中心に置いた暮らしから、家族や地域との関係を重視した暮らしへの転換を図る三〇、四〇歳代の男性や、定年もしくは定年間近になって、暮らしの中心を職業から家庭生活へと転換することを考え始めた年代の夫婦などが中心となっているように考えられる。むろん、地方における就業機会の都市部との格差を勘案するなら、そうした経済非合理な選択が可能な条件に恵まれた層とも言える。こうした全国的規模のＵターン現象は、現実的にはそれほど大きいものではない。ただ、団塊の世代の定年時期がすでに来てしまっているため、彼らが今後、現在の郊外に定住し続けるのか、あるいは親や親せき、知人を頼って、Ｕターンを実現するのか、今しばらくは移動状況を見極めるしかない。

ただ、二〇歳代の都市部の大学に進学した若者たちのＵターン希望を見ると、「地元志向」と同様に、かなりの若者が希望していることが分かる。「毎日コミュニケーションズ」（1990）によると、一九九一年三月卒業見込みの全国の大学生六〇〇〇名ほどの調査では、Ｕターン希望者は静岡地区（七一・〇パーセント）、東海地区（六三・六パーセント）、北海道地区（六三・五パーセント）、九州、沖縄地区（六二・四パーセント）などとなっている。むろん、こうした希望を持っている大学生が、卒業と同時にすぐさまＵターンして地元に帰るというわけではない。親がまだ元気なうちは、都市部で頑張ってみようと思っている。かといって、いざ、親が突然倒れたりしてＵターンするつもりの若者がＵターンを実行するかというと、なかなかすぐというわけにもいかない。Ｕターンを妨げているもっとも大きな要因は「就業機会」にある。武田は、そうしたＵターン希望者と地方企業の就業条件についての調査で、Ｕターン希望者側の就業条件としては、「やりたい業種・職種がある」ことと「給与・ボーナスがよい」ことへの期待が大きく、地元企業でこれらを満たすだけの条件をそろえているケースは、残念ながら決して多くはない（武田 2008: p.35 以下）。

しかしながら、「定常社会」はすでに始まっていると考えるなら、都市部での生産活動自体が、これまでのように、就業者の将来、とりわけ老後を保証してくれるかといえば、その可能性はま

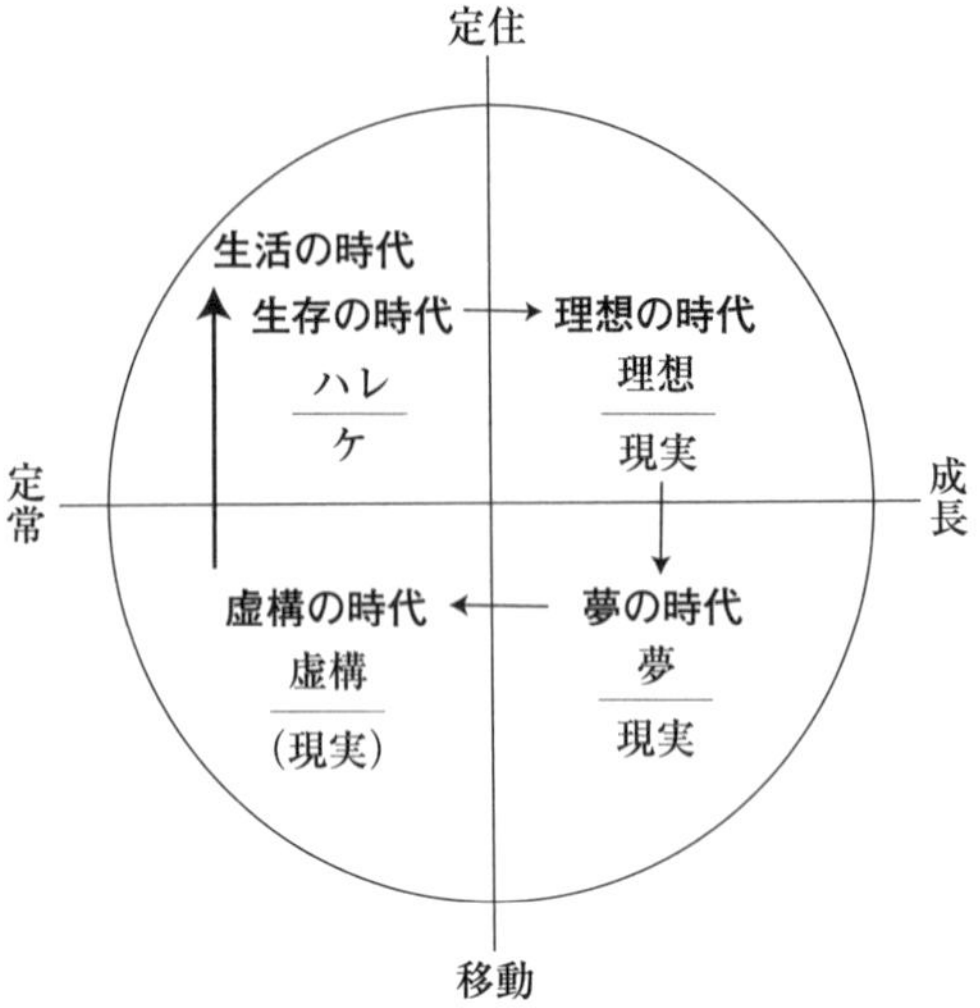

図 4-3　将来的な日本社会の位相

すます縮小することになるだろう。そうであれば、都市部で長期のローンを組んで新築の住居を確保し、子育てをして、なおかつ自分たちの老後の保障を獲得するために過労死寸前まで働き続けるか、あるいは親の実家に戻り、自宅をリフォームして、昔ながらの友人たちと交流し、相互扶助をしながら、共同して自分たちの将来を築き上げる道もある。むろん、地元企業もそうした就業者の期待に応えた体制を構築して、都市部の企業との競争といった視点だけでなく、地元の生活者との連携を重視した企業のあり方へと見直しを図る必要もでてくるであろう。総じて、「定常社会」のなかでの「生活」の維持という観点が、これからの企業にも、就業者にも求められる時代となろう。

ポスト成長後の定住志向が可能性として開く地平は、戦前のプレ成長時代の日本社会と同位相に立つことになる。むろん、その経済的レベルも、社会・生活資本の蓄積も比較にならないほど恵まれたものであり、経済的な高水準での螺旋的回帰といえる。問題は、日本社会の再生というからには、そこに互酬的な関係が再生するか否かにある。だが、ゼロ成長という現実こそ、その生みの親になる可能性を秘めているかもしれない。この来たるべき時代を「生活の時代」と名づけよう。一定の豊かさを前提とすることで、戦前までのせっぱつまった「生存の時代」とは異なって、本来の人間らしい「生活」目標をめざす余裕をもった時代という意味である（図四－三）。

再生の兆し

さて、八〇年代の転換点から見えてきたものは、日本社会の再生にとっていかなる意味を持つことになるのであろうか。八〇年代に顕在化し、バブル経済へと昇華し切った顕示的消費や記号消費がメディアによって声高に喧伝されていた背後で、不可視とされていた格差化の波は、九〇年代以降、現在に至るや、逆にメディアが喧伝するところとなっている。しかも、勤労者の賃金も一九九七年をピークに、下がり続けており、いわゆる「デフレ経済」の悪循環に日本経済はまり込んでいるとされている。しかしながら、二〇一八年現在、日本経済は戦後最も長期の好景気が続いているとされている。むろん、それは企業の業績や株価の上昇によって反映された数値においてである。だが、庶民の生活は「余裕がなくなっている」層が増えているとの日銀のアンケート結果が同時に発表されている。現在の日本経済では、いわゆる「トリクルダウン」効果（経済的果実が上層から下層へと零れ落ちる現象）は期待できない。企業の利潤は、人件費の高い国内にではなく、国外へと投資されるからである。

高度成長期の日本企業が、その「日本的経営」によって、企業社会の中にムラ的互酬関係を埋め込むことによって、いわゆる欧米型の資本主義的企業とは異質な多くの特性を具備してきたことは、見てきたとおりである。それほどにこの時期の日本社会は「資本主義社会」と言うには異質な内容をなしている。つまり、K・ポラニーの言う「経済を社会が囲い込む」体制が強力に残っていたと言える。だが、時代は変わった。フランスの経済学者、ピケティは『21世紀の資本』(2014)において、高度経済成長といった現象は、世界史的に見ても一時的なものでしかなく、二一世紀には資本主義はその本来の姿に立ち返って、格差社会を再生することになるだろうという。「階級社会」の再来ということも言われ始めている。だが、同時に、その資本主義自体がそろそろ限界に近づいているのではないかという議論も出始めている。水野和男は『資本主義の終焉と歴史の危機』(2014) において、資本主義の成長にとって必要なフロンティアが、グローバル化の展開とともに地球上から無くなってしまった点にその根拠があると言う。つまり、日本も、アメリカも、ユーロ圏も、長期国債の利回りが超低水準になってしまい、資本自身の自己増殖が不可能な事態がここ数十年に渡って続いていることは、資本主義自体の臨界点への接近を意味しているのではないかというわけである。

そして、こうした指摘は、広井良典が以前から提唱している「定常型社会」への移行が経済理論的にも根拠づけられたことを示している。定常状態とは、経済成長の終着点の状態を指している。つまり、ゼロ成長社会と言ってもいい。それに近い状態は経済成長以前に存在した。本書が戦前の高度成長以前の日本社会のあり方から論を起こしたのは、そのためである。戦後生まれの、団塊の世代を中心とする層は、高度成長のうま味をふんだんに味わって生きてきた。それゆえ、日本経済は永遠に成長するものであり、今回の低成長は、たまたま経済政策の失敗が生み出したものであり、いずれ再び好成長が訪れるに違いない、と九〇年代以降、淡い期待を胸に抱き続けてきた。だが、今では高度成長には終点があるという考え方こそが現実的だ、というように思い直し始めているのではないか。バブル崩壊以降の低成長は、すでに三〇年近く続いており、再成長の兆しはないからである。

むろん、定常状態だからと言って、戦前と全く同様の生活水準に戻るわけではないし、戻れるわけもない。戦前から比べれば、途方もなく豊かな社会になっている。その上でのゼロ成長なのであって、すでに蓄積されてきた豊富な社会資源、生活資源は今後とも有効に活用することは可能である。だが、生き方のスタイルは根本的に変えざるをえないであろう。

そこで、本書が注目した点が二つある。その二つは、ポスト成長期に社会的諸領域を襲った「個人化」の契機から生まれてきた現象である。「個人化」の趨勢は、これまで見てきたように、日本的「共同」のあり方をことごとく解体せしめた張本人である。つまり、徹底して日本社会を死へと追いつめた契機の中から、実は「再生」の兆候が生み出されつつあることになる。

一つは、消費生活と欲望のあり方である。八〇年代までの、他者＝メディアに準拠した「流行」や他者との差異化を求めての「記号消費」は、準拠する他者＝メディアの戦略によっていいようにコントロールされてきた。おかげで、実は生活に必要もない諸々を私たちは際限なく買わされてきた。だが、そうした諸々が住居内に充満してきた時、そうした消費欲望は「これが本当に自分の欲しかったものなのか」という疑問に晒された。「自分の欲望」に基づいてではなく、他者＝メディアに踊らされていたにすぎないことに気づいた人びとは、初めて「自分の欲望」に基づく消費行動を開始した。それが「欲望」の個人化であった。消費の「モノ」離れから「コト」消費への移行は、経験する個人主体の感性や感覚、理性を基準とした自己準拠的な欲望の開発を可能にしたと言えよう。ここに、個人化の趨勢の極限を見出すことが出来る。そして、その一つが「快楽消費」であり、それは不快を捨象した純粋な快楽を求める以上、「虚構」的な世界をめざすことになる。他方、この「快楽」への欲望の裏側に「不快」を回避する欲望が生まれる。それは充足できない欲望の存在と、それゆえの不快感に気付いた瞬間に、その不快さを回避すべく「動物的」な摂取行動を採る、というものである。これが「動物化した欲望」と呼ばれるものである。だが、この個人化した欲望が準拠する「快／不快」の基準は、容易に外部からインストールすることが可能である。それゆえ、これらはすでに巨大な消費市場を作り上げている。この欲望の個人化は人々をディズニーランドや各種イベントへと誘い、街中にあふれる無人の自動販売機の集積となって、旺盛な金銭的消費を繰り返すという点で、「虚構」の時代に埋め込まれたままで、消費資本主義への最大の貢献者を生み出すものでしかない。

他方、そうした快／不快といった基準ではなく、自分の生活に根付いた、理性的判断によって「これは生活にとって必要なものか否か」を考慮した消費行動も現れた。それが「シンプル族」の消費行動であり、同様に個人化された欲望に基づいている。これら、他者＝メディアに準拠するのではなく、自分の感性や必要に基づく消費行動と欲望のあり方は、他者＝メディアへの準拠を絶つことによって、八〇年代までのマーケティング戦略を無効化してきた。とりわけ、「シンプル」な消費はそうした消費市場からの「逃走」をめざしている点が重要なのである。そこでは消費主体の個人は、消費者であることからの逃走をも図り、生活者としての個人へと変貌を遂げつつある。それは、高度成長を牽引してきた消費行動から、自覚的に距離を置いた消費行動であり、「快楽消費」がなお「虚構」世界といった人為的で市場原理に誘導されたショッピングモールをめざすことによって、「快楽産業」に組み込まれてしまうのに対して、「シンプル族」の堅実な消費行動は、そうした誘惑からも逃れようとするものである。端的に「モノを買わない」といった生活志向こそがそのことを示している。それこそ、「定常社会」に適合的な消費行動であることになる。そして、実はそうした消費性向は、八〇年代の「ニュープア」層から見受けられたものであり、それが今日の若者たちに受け継がれているという点では、突然現れた現象ではなく、「定常社会」への移行の現実性に伴って現れてきた現象といえる。

だが、このシンプルな欲望は、消費の領域における「共同性」、すなわち「みんなが買うから」といった集団的消費性向（つまり、「流行」）を壊滅へと導くことによって、高度成長期の共同体的な日本社会の死に加担したことになる。そして、同時に、そのことによって、快楽消費が巻き込まれた消費市場からの逃走を実現することによって、定常経済に適合的な必要経済の突破口を切り開くことを可能にしたことになる。成長社会にとって破壊的な要因でもあった、個人化の契機、とりわけ徹底的な欲望の個人化という要因が、舞台を定常社会に代えるや、極めて生産的な要因へと生まれ変わることになる。いわば、「個人化」の弁証法的な転回とも言える現象である。しかも、そうした生活者としての個人化の深化は、企業が提供する「モノ」の受動的な消費行動から、新規な「モノ」を買わない、あるいは中古の「モノ」の交換や贈与、共有といったこれまでの消費市場の枠を超えた「社会的交換」のすそ野を大きく広げながら「生活物資」のやりくりを成し遂げる方策を様々に普及させてきている。そこでは消費者は同時に生産者としても立ちあらわれてきており、「手作り」品をネットを介して「売る」側に立つことになる。従来の一元的な「消費者」像はそこではすでに融解しつつあると言えよう。変わるのは消費者だけではなく、「モノ」それ自体も、従来のように生産され、販売され、消費（使用）され、所有された後に「廃棄」されていたものが、リユースによって、廃棄される前に再び販売され、消費（使用）され……といった次のサイクルでも活躍することになる。いうまでもなく、それを実現しているのは市場原理ではなく、生活の原理だからである。人も、モノもようやく本来の生活の場に定着しつつあるということか。

そして本書が注目した二点目が、とりわけ若者たちの「地元」志向、「定住」志向にほかならない。戦後、地方から中央へというのが、日本の若者たちが企業社会に生きて、立身出世を夢見るための最初のハードルと考えられてきた。家の跡継ぎの長男は別として、次三男や娘たちは都市部に出て、働き始め、あるいは進学をめざし、卒業後は企業に就職し、そこで同じく地方から出てきた娘や息子と結婚し、子どもを産み、育てながら、マイホームを獲得する。これが最も理想的なライフコースとして従来の若者たちの脳裏に焼き付けられた将来像であった。そして、時代は流れ、ポスト成長期になると、大学は卒業したものの、正規の雇用者から外れ、非正規の雇用者として働き始めると、そこから正規の雇用者へと転職することは至難の業であることが判明する。いわゆる「就職氷河期」と呼ばれた九〇年代末以降の高校、大学の卒業生の多くはそろそろ中年の域に達しつつありながら、未だ非正規の、不安定な職によって生き延びている。他方で、正規の雇用にありつけた同輩たちは、サービス残業は当たり前で、給料はそれほど上がらず、業務の責任と負担だけは増え続け、その中から「過労死」「過労自殺者」も出てくる悲惨な職業生活を送ることになる。しかも、いずれの層も、極めて流動的な職業活動をいまなお続けている。派遣先は全国に拡散しており、エリート層はグローバルなレベルでの単身赴任が日常化している。そのそれぞれが職業人生を終えたとき、膨大な「無縁社会」を堆積することになる。そんな先輩たちの窮状を見ながら、新たに社会に出ていくことになる若者たちが、職業優先の人生から、生活優先の人生へと方向転換を図るのはある意味当然ではないか。

そもそも、かつての「選べない」縁によって、いわば強制的に「共同」するしかない時代の関係ではなく、それぞれ自発的な意思によって「共同」を「選んだ」者たちが織りなす「共同」である。高度成長期までの「共同」が、ほぼ「選べない」縁に基づいて構築されてきた（だから「共同体的拘束と個人的自由」が問題となってきた）。これに対して、今や「選べる」縁に基づいて、しかも「選べる」定住地を自己決定し、「選べる」必要品を自己決定的に購入する、といった前提から新たな「共同」が生み出されようとしているのである。八〇年代以降、「ふるさと」もまた「選べる」時代になってしまった。ここでも、あらゆる「縁」を「選べない縁」から「選べる縁」へと変換することによって、それまでの「共同体的縁」の解体を促進してきた流れの中から、すなわち、徹底した「関係」の個人化の結果として、新たな「選ばれる共同性」の可能性が生まれようとしている。これまた、極めて弁証法的な展開と言わざるをえない。そこでは、いかなる「関係」があらたな「共同」を創り出すのかさえ予想も出来ない。同時に、これまでの「家族」や「友人」

といった「縁」の中身も変容する可能性がある。家族や友人「である」それまでの関係から、家族や友人を「つくる」関係へと変わることになるからである。そして、地方とはいっても、六〇年代の茅葺屋根の農村風景の地方では既になく、国道沿いには大型スーパーやドラッグストアーが軒を連ねた風景が広がっている。（シンプル族が果たして必要とするかどうかは別として）消費生活には全く不便はなく、幼馴染の友人知人、親族も近所に住んでいる場所ということになれば、生活優先のライフコースの場としては最適な環境といえよう。

問題は、納得のゆく職業が準備されているかどうかに絞られる。だが、こうした若者たちの消費動向が「シンプル族」的なものへと移行したり、「モノ」を所有しない生き方がさらに広範になるならば、輸出依存の大手の製造業ではなく、生活必需品へのニーズが高まり、地方の中小の製造業やそれと結びついた「レンタル」「シェア」の事業に地の利が向かうことになり、新たな販路へとつながる可能性も拡大する。そうした動きが多方面に渡り、地方の産業構造から職業構造へと変化をもたらすことによって、生活優先の居住者が集う地域がすでに蓄積された社会資本、生活資本をフルに活用しながら新たな生活世界の構築へと向かうことは可能なのではないか。

本書が日本社会の「再生」をタイトルに盛り込んだのは、現代の若者たちの欲望の変化と、地元への定住志向といった極めて主体的な変化の兆しの内に、「成長」経済から「定常」経済へ、「移動」生活から「定住」生活へといった「プレ成長期」と同位相への回帰を見出すことができるからである。

個人化した欲望が感覚的快楽としての「虚構」をもとめ、しかも刹那的なハレの共同を舞台とする限り、そこからはリアルな生活に根差した「共同」は再生しようがない。あくまでリアルな生活の場での共同の可能性が目指されなければならない。だからこそ、「虚構の時代」に続く時代が「プレ成長期」の位相と重なることに意味がある。それは、新たな「コミュニティ」の可能性を孕むものである。だが、いかなるコミュニティがそこから醸成されてくるかは、そこの住民たち次第でしかない。ただ、ゼロ成長下での新たな成長を見込むことのできない時代には、住民たちの知恵からかつての「互酬」的関係に近い関係（それは脱市場的な関係でもある）が自然発生的に生み出されてくるのではないか。そして、そうした定住する新たな住民たちの間から、新たな「マツリ」のかたちが生まれてくることが期待される。そのとき、マツリは本来の地域社会統合の機能を復活させるかもしれない。むろん、新たな「互酬」的関係も、新たな「マツリ」のかたちも、かつての「ムラ」的共同体のそれとは異質なものとなるであろう。

ただし、欲望の個人化によって、大衆消費の標的たることを免れるすべを手にすることで、「成長神話」を離脱した以上、そこに新たな生活目標と価値観が求められることになる。それは「豊かさ」に代わる「幸福」なのか。確かに、戦後日本は未曾有の豊かさを手に入れることが出来た。だが、それは「幸福」感とは縁遠い生活を強いられてきた結果でもあった。今、豊かさではなく、「幸せ」を、というのであれば、改めて「幸福」とは何か、を考えるべき時なのではないか。それは

「快楽」と同じなのか、違うのか。生活のリアリティ抜きの快楽が「幸福」であるとは思えない。そこからは「幸福な生活」は見えてこない。具体的な生活に根付いた豊かな人間関係、互酬的関係の中で「生きる」喜びも湧いてくるのではなかろうか。いずれにせよ、いまだ未知数でしかない領野に突き進むことになることだけは確かである。そこに、これまでにはない新たな「共同」の形が生まれる可能性はある。だが、それが「共同」である限り、そこには他者への配慮と共感に基づいた「互酬」の関係が存在するはずである。それであって、初めて「日本社会」の再生（あるいは「新生」）ということができるのではないだろうか。

あとがき

東洋大学に赴任したのが、ちょうど二〇〇〇年で、私が五〇歳の時であった。それがこんなに早くも六五歳の定年の年になるとは思わなかった。なるほど、年齢を重ねるほどになぜか時間の流れが速くなるのである。『ヒト・社会のインターフェース』（2005）で社会の原理を考究した後、『日本のコード』（2009）で日本について考究し、ついで日本社会の現状分析までが社会学者としての自分のライフワークと念じていたが、三作目にこれほど時間を食うとは思いもしなかった。妻、郁子が寝たきりになったのがほぼ一〇年前。そのことが五〇歳代には危機感となって、いつ、いかなる事態が起きて、自分のライフワークの実現が不可能になるか分からない。ならば、出来る「今」をおいて他に無い。そこで、かなり身体的な無理を強いて作業を早めることになり、仕事は実現したが、頸椎症になったりして、その無理の反動がすぐさまやってきた。そのこともあって、六〇歳代以降は無理がきかないのだから、無理をしないことにした。すると、たちまち時間だけが虚ろに過ぎてしまうではないか。これはまずい、とラストテーマに向けた素材集めに精を出してきたが、なにせ、集中することのできる時間がほとんど取れない。素材のノートだけが機械的に増える一方で、それを作品に仕立てるための集中力を発揮することが出来ない。集中したと思いきや、郁子が痰を絡ませ、せき込んでいても気づかない。いつ殺めることになるか分からない。これは、もっと、否、決定的にまずい。時間は過ぎ、意味のないノートだけが増えた。

ようやく作業が軌道に乗ったのは、半年ほど前に、自宅から一〇分ほどの近場にあるビジネスホテルに、家政婦さんが来ている間、四時間ほど缶詰になることができる体制を手にしてからであった。週一回だけのチャンスであったが、集中できる時間が確保できたことで、自宅にいる時も郁子の見守りをしながら機械的に材料を整理する作業が意味を持つようになってくる。ホテルは耐震強度が気になる年代物で、客のほとんどは地域の工事関係者だという。私が世話になる部屋は元々物置であったところを部屋に仕立てたような作りで、駐車場の後ろにある。宿泊客の車が来る前には私は退却しているから車の音は関係ない。しかし、机だけは大きめの使い心地のいいものなので、専用にしてもらっている。この湿っぽく（と感じられる）壁紙が剥がれかかった部屋の中にいると三〇歳代のカネもコネも何もないシビアな時代に戻ったような気になる。だが、それが妙に気持ちを落ち着かせてくれる。浅川マキの曲が聞こえてきそうな……「裏窓からは、あたしが見える……」これって、離人症？　などと考えながら、一人だけの貴重な時間の至福に感謝している。

前作同様、家政婦さん、ヘルパーさん、ケア・マネさん、訪看さん、マッサージ師さん、などなど、多くの方のお世話によって今回の作品もできた次第である。「介護保険制度」以前の時代であったなら、こうして在宅で郁子とともに生活しながらの作品作りは不可能であっただろう。それ以上に生活そのものが破たんしていたかもしれない。感謝、感謝である。見守りをしている私を実は見守ってくれている郁子にも感謝である。そして、特に今日の厳しい出版事情にもかかわらず、刊行の機会を与えてくれた梓出版社、本谷貴志氏に深甚の謝意を捧げたいと思います。

二〇一八年春　　近場のビジネスホテルにて　　　　　　　　　　　　　　　　　　　小林　修一

引用・参考文献

阿部真大, 2013,『地方にこもる若者たち』朝日新書.
東浩紀, 2001,『動物化するポストモダン』講談社現代新書.
阿南透, 1997,「伝統的祭りの変貌と新たな祭りの創造」(小松和彦編『祭りとイベント』小学館, 所収.)
有本真紀, 2013,『卒業式の歴史学』講談社.
藤本耕平, 2015,『つくし世代』光文社新書.
藤原智美, 2000,『家族を「する」家』プレジデント社.
博報堂生活総合研究所編, 1985,『「分衆」の誕生』日本経済新聞社.
広井良典, 2001,『定常型社会』岩波新書.
広田照幸, 1996,「家族･学校関係の社会史」(『岩波講座　現代社会学』第 12 巻, 岩波書店, 所収.)
久富善之, 2004,「『新･競争の教育』と企業社会の展開」(渡辺治編『変貌する〈企業社会〉日本』旬報社, 所収)
本田由紀, 2014a,『もじれる社会』ちくま新書.
――――, 2014b,『社会を結びなおす』岩波ブックレット No899.
堀内圭子, 2004,『〈快楽消費〉する社会』中央公論新書.
今村仁司, 2000,『交易する人間』講談社.
稲垣恭子, 2000,「クラスルームの臨床社会学」(木村英昭・野口祐二編『臨床社会学のすすめ』有斐閣, 所収)
岩内亮一・陣内靖彦, 2005,『学校と社会』学文社.
神一行・JIN 取材班, 1985,『「子殺し」時代の学校』勁文社.
川島武宣, 1957,『イデオロギーとしての家族制度』岩波書店.
木村元, 2015,『学校の戦後史』岩波新書.
小松和彦編, 1997,『祭りとイベント』小学館.
熊沢孝編著, 2015,『消費変質　エディターシップ時代の到来』同文館出版.
倉林正次, 1975,『祭りの構造』日本放送出版協会.

松平誠, 1983, 『祭りの文化』有斐閣.
————, 2001, 『都市祝祭の社会学』有斐閣.
————, 2008, 『祭りのゆくえ』中央公論新社.
見田宗介, 1995, 『現代日本の感覚と思想』講談社.
三浦展, 2005, 『下流社会』光文社新書.
————, 2009, 『シンプル族の反乱』KK ベストセラーズ.
————, 2010, 『ニッポン若者論』ちくま文庫.
————, 2012, 『第 4 の消費』朝日新書.
宮本みち子ほか, 1997, 『未婚化社会の親子関係』有斐閣.
水野和夫, 2014, 『資本主義の終焉と歴史の危機』集英社新書.
森本三男編著, 1999, 『日本的経営の生成・成熟・転換』学文社.
守尾貴司, 2005, 『日本企業への成果主義導入』森山書店.
長嶋淳子, 1998, 「近世女性の農業労働における位置」(総合女性史研究会編『日本女性史論集 6　女性の暮らしと労働』吉川弘文館, 所収.)
中林伸浩, 1977, 「恩の観念と親子関係」(『講座　比較文化第 6 巻　日本人の社会』研究社出版, 所収.)
中牧弘允, 2006, 『会社のカミ・ホトケ』講談社.
NHK 放送文化研究所, 2015, 『現代日本人の意識構造』NHK 出版.
西川裕子, 1996, 「近代国家と家族」(『講座「現代社会学　第 19 巻〈家族〉の社会学』岩波書店, 所収.)
落合恵美子, 1994, 『21 世紀家族へ』有斐閣.
————, 1996, 「近代家族をめぐる言説」(『講座「現代社会学　第 19 巻〈家族〉の社会学』岩波書店, 所収.)
尾木直樹, 1999, 『「学級崩壊」をどうみるか』日本放送出版協会.
恩田守雄, 2006, 『互助社会論』世界思想社.
大野正和, 2003, 『過労死・過労自殺の心理と職場』青弓社.
大澤真幸, 2008, 『不可能性の時代』岩波新書.
佐伯啓思, 1993, 『「欲望」と資本主義』講談社.

品田知美, 2007,『家事と家族の日常生活』学文社.
橘木俊詔, 2015,『日本人と経済』東洋経済新報社.
武田圭太, 2008,『ふるさとの誘因』学文社.
竹内洋, 2011,『学校と社会の現代史』左右社.
田中康夫, 1985,『なんとなく、クリスタル』新潮文庫. (初版は 1981 河出書房新社刊)
テツオ・ナジタ, 2015,『相互扶助の経済』みすず書房.
トマ・ピケティ, 2014,『21 世紀の資本』みすず書房.
辻泉, 2016,「地元志向の若者文化」(川崎賢一・浅野智彦編『〈若者〉の溶解』勁草書房, 所収)
恒吉僚子, 1992,『人間形成の日米比較』中央公論新書.
上野千鶴子, 1984,「祭りと共同体」(井上俊編『地域文化の社会学』世界思想社, 所収)
————, 1992,『〈私〉探しゲーム』ちくま学芸文庫.
山田昌弘, 2005,『迷走する家族』有斐閣.
山下祐介, 2012,『限界集落の真実』ちくま新書.
柳治男, 2006,『〈学級〉の歴史学』講談社.
吉田和男, 1996,『解明　日本型経営システム』東洋経済新報社.
吉見俊哉, 1996,『リアリティ・トランジット』紀伊国屋書店.
————, 2009,『ポスト戦後社会』岩波新書.
湯浅博雄, 1997,『バタイユ——消尽』講談社.

著者略歴

小林修一（こばやし　しゅういち）

1951年　東京生まれ.

1982年　法政大学大学院社会科学研究科社会学専攻博士課程修了.
　　　　群馬大学社会情報学部教授，東洋大学社会学部教授を歴任.

現　在　東洋大学社会学部名誉教授，博士（社会学）.

著　書『現代社会像の転生――マンハイムと中心性の解体』(1988),『ヒト・社会のインターフェース――身体から社会を読む』(2005) 以上法政大学出版局.『メディア人間のトポロジー』(北樹出版, 1997),『日本のコード――〈日本的〉なるものとは何か』(みすず書房, 2009), その他編著，共著，翻訳など多数.

日本社会の〈死〉と〈再生〉

2018年9月15日　第1刷発行　〈検印省略〉

著　者©　小林修一
発行者　本谷高哲
印　刷　シナノ書籍印刷
東京都豊島区池袋4-32-8

発行所　梓出版社
千葉県松戸市新松戸7-65
電話・FAX 047-344-8118

乱丁・落丁本はお取り替えいたします
ISBN 978-4-87262-239-3　C1036